가슴 뛰는 삶, 소비자운동 31년
저자 **김보금**

구해줘! 소비자

소비자 운동가의 노트

머리글
소비자운동 현장에서 쓰다

행위란,
정치가나 시민운동가의 일,
말이나 행동을 통해 인간이 자신의 생각을 다른 사람에게 전달하고 관계를 맺는 일이다.
정치활동이나 사회운동가의 활동이 여기 해당한다고 할 수 있다.
사람들 사이의 다양성은 활동을 통해 드러날 수 있으며 그 결과로 사회가 예측할 수 없는
방향으로 변화하기도 한다.
- 〈소득의 미래〉 한나 아렌트

나는 공무원도 회사원도 아니다.

설문조사 직업란에도 표시되어 있지 않는 '기타'에 속한다.

해외여행이라도 가게 되면 출국 신고서 직업란에 NGO라고 꾹꾹 눌러쓰는 자뻑에 빠진 소비자운동가 즉, 시민사회단체 활동가이다.

31년 세월을 소비자운동 현장에서 일하면서 '왜 나는 이 일을 좋아할까?', '출근하는 31년 세월 동안 매일 가슴이 뛸까?' 이번 책을 준비하면서 진지하게 생각해 본다.

"유명 메이커 가구점에서 사제품을 판매한다."
"함량을 속인 가짜 금반지가 판매되고 있다."
"만병통치약이라며 어르신 대상으로 사기를 치는 방문판매 업체를 조사해 달라."
"사고 난 차량을 새 차로 둔갑해서 판매했다."라는 등등 소비자 제보가 쏟아진다. 조사하고 보도자료를 내고 뉴스 인터뷰를 하고 나면 며칠 동안 사무실에 전화는 불이 났고 '밤길 잘 다녀라, 딸들 어느 학교 다니는지 다 알고 있다.'는 협박 연락까지…. 나열하자면 소설 몇 권은 될 것이다.
그럴 때마다 가슴이 콩알만 해져
'그냥 가만히 있는 게 낫나? 아니면 다른 일할까? 아님 조용히 소비자 상담만 받을까?'
한동안 퇴근길에 스토커처럼 미행하던 사업자도 무서웠고, 늦게 아이들이 귀가하는 날이면 밤길 조심하라 협박하던 방문판매업자 얼굴이 떠올랐다. 방송 중에는 상품명이나 기업체명은 말하지 말라고 하지만 '열받아' 나도 모르게 방송에서 언급이라도 한 날이면 방송 심의에는 걸리지 않을까, 업체가 또 소송을 해오지는 않을까, 심장이 콩닥콩닥하던 시절이 있었다. 지금도 방송이나 강의를 하고 나면 했던 말들을 되돌아보는 버릇이 있다.

1980년대 민주화 운동이 시작되면서 환경, 여성, 노동, 인권 등 다양한 분야의 시민사회단체가 활성화 되면서 정확히 조사하고 발표하고, 방송하는 일들에 대해 항의는 좀 줄었지만 욕먹는 걸 두려워했다면 30년 세월 동안 소비자운동가가 아니라 그냥 직장인이었을 것이다.
이제는 소비자운동가로서의 삶이 행복하였나 생각해 본다.

행복은 강도가 아니고 빈도라고 김민석 작가는 말한다.

1년이면 전북소비자정보센터에 접수되는 소비자불만 2만여 건 중 전주상담은 6천 건에 달한다. 100% 소비자가 원하는 대로 해결할 수 없지만, '빽도 없고 힘도 없는 소비자가 갈 곳이 어디 있겠냐'며 소비자문제를 해결해 줘서 진심으로 감사하다는 전화, 음료수 한 병이라도 들고 와서 마음을 전하고 신뢰를 보내는 소비자가 있어 행복하다.

또한 착한가게 선정, 음식물쓰레기 종량제 시스템 도입, 녹색병원 지정 등의 신규 정책이 정착되는 과정에서, 국가 예산과 환경피해가 줄어들고 국민인 소비자 권익이 지켜지고 정책이 개선되어 누군가에게 작은 도움이 되었을 때 나는 행복했다.

이 책을 준비하는 이유 중에 하나는 전국의 소비자단체, 시민사회단체와 정책생산과정을 공유하고 싶었다. 소비자문제는 의식주 전반에 걸친 일상으로서 소비자 문제가 아닌 것이 없다. 약방의 감초처럼 행정에, 시민사회에, 지역의 다양한 문제에 소비자 목소리를 내야 한다.

예를 들어 불량 세탁기 문제뿐만 아니라 보행권을 묵살한 학교 앞 보행도로의 문제점도 교통 소비자문제로 인식해야 한다. 이러한 문제를 발견하고 정책을 제안하기까지 활동가가 있어야 하고 사무실 운영에 따른 비용도 필요하다. 또한 초등학교 앞에서 출퇴근 시간에 맞추어 스톱워치를 들고 속도를 확인하는 봉사자도 필요하고 조례를 제정하는 소비자 감수성이 뛰어난 국회의원이나 지역의원을 발굴하고 함께 제안하는 일도 필요하다.

이에 지역에서 단체를 조직하고 활동하는 사례들을 함께 나누고자 한다.

1장은 소비자운동을 시작한 과정을 담았다. 특히 중앙의 대단위 시민단체가 아닌 지역단체로서 조직의 구성요소들을 살펴보았다.

2장에서는 1년 6천여 건을 상담하는 과정 중에 일어난 소비자 불만 사례와 관련법을 살펴보았다. 자급자족하지 않는 한 누구나 소비자이기 때문에 부당한 피해 발생 시 대처법을 알 수 있고 피해 예방이 가능하다.

그리고 소비자단체나 소비자 관련 공공기관, 기업의 소비자상담실에 근무하기 위해 필요한 소비자상담사자격증 제도에 대한 문의가 있어 안내하였다.

3장은 우리 단체를 통해 정착된 정책들을 소개하였다. 코로나19 시기에 전국에서 많이 회자되고 있는 '착한 임대료 운동', '착한 소비 운동' 등이 홍보되고 있는데 이는 필자가 2000년도에 처음으로 시도하여 전국적으로 확대되었던 '착한가게'의 "착한" 단어가 조금은 영향을 주었다고 생각한다.

또한 병원감염폐기물의 올바른 분리배출 정착을 위한 【녹색병원 인증제】, 가짜 금 퇴출을 위한 '풍남문마크' 정착과정, 전국에 단 한 곳인 어린이소비자교육체험관, 음식물쓰레기종량제(RFID) 정착기를 소개하였다.

4장은 코로나19로 발생된 소비자피해와 그 대책, 금융피해와 관련된 집단소송과 징벌적 손해배상의 소비지관련법 개정의 문제등 앞으로 소비자권익을 위해 나가야할 방향에 대해 소비자 전문가 좌담회 내용을 담았다.

5장은 신문 스크랩을 중심으로 2장과 3장에서 담지 못한 소비자 고발 사례와 정책이 생산되는 과정을 에세이 형식으로 소개하였다.

6장은 사진을 중심으로 단체의 활동을 이슈별로 묶어내는 작업을 진행하였다. 하다 보니 단체 연보 형식이 될 수 있어 소비자운동 단체나 시민단체에 참고가 될 수 있는 자료가 될 것 같다.

끝으로 책을 준비한 지 2년이 지났다. 좌담회는 코로나19가 시작된 2020년에 진행한 것으로 1년이 지난 좌담회지만 다시 내용을 살펴보더라도 여전히 해결이 안 되고 지속해서 논의 중인 소비자 정책이라서 신기로 했다.

    내가 부러워하는 기준은 딱 하나 스스로 행복을 잘 느끼는 사람,
    누군가 내 진심을 곡해 없이 받아줄 때, 내 선의를 세심하게 읽어줄 때,
    누군가에게 작은 도움이 됐을 때 나는 행복하다.
    그래서 이같은 시간을 만들고 눈을 크게 뜨고 다닌다.
    나는 옳다고 믿는 것을 할 수 있는 만큼 실천하는 사람이다.
                   - 〈태도의 말들〉 중에서 엄지혜, 유유

적극 동감이다.

저자 **김 보 금**
2021년 11월 전주 서신동에서

추천글 1

소비자운동의 30년지기 '환상의 콤비'
유유순 회장이 말하는 김보금

한 가지를 하라 하면 열 가지를 해내는 사람이 김보금이다.

　김보금을 한마디로 표현하자면 그렇다. 김보금 소장과 소비자운동의 연이 닿아 함께해온 시간이 30년 세월이다.

　학교 선생이던 김보금 소장은 우연한 기회에 故 조옥영 회장님의 권유에 의해 소비자 운동가가 되었다. 초창기 월급이 10만 원도 안 되던 시절 김보금 소장은 처음 부딪혀본 소비자운동을 하겠다며 끊임없이 공부했다. 교사 출신이었지만 소비자학으로 대학을 다시 다녔고, 대학원 석사과정과 박사과정을 순차적으로 밟아나간 아주 모범적이고 보기 드문 소비자운동가로서 전국 다섯 손가락에 손꼽히기까지의 전 과정을 지켜본 사람이 바로 나 유유순이다.

　전북여성단체 대표님들은 유유순과 김보금을 '환상의 콤비'라고 말한다. 회장과 실무자로서 남들이 부러워할 정도의 파트너십과 우정을 가진 사람이 바로

'우리'일 것이다. 김보금 소장의 트레이드마크가 '단발머리'였다. 그 덕에 자녀 둘을 낳았지만 어려 보이고 피부도 고운 김보금 소장을 가리켜 우리 집 양반은 '김보금 씨 시집 안 보내냐'라고 말할 정도로 우리는 각별한 사이였다.

1983년부터 소비자 권익 운동을 하다 보니 일의 특성상, 또 단발머리 스타일을 고집하다 보니 간혹 '사납다, 사무적이다, 차갑다.'라고 말하는 사람도 있다. 사실 소비자운동은 불의에 눈 감으면 안 되고 냉철해야 하므로 김보금 소장은 제대로 된 길을 가고 있다. 일에 대한 목표 설정, 추진력, 행정력, 리더십 등을 갖춘 사람으로 김보금 소장은 전무후무하다. 일적으로, 소비자운동가로서의 이미지는 그러하지만 김보금 소장을 제대로 겪어본 사람은 그렇게만 말하지 않는다. 가슴 따뜻하고 정이 많은 인간적인 사람 또한 김보금의 모습이다.

외모가 깔끔하고, 까칠하다고 생각하는 사람과 사귀면 영원히 변하지 않는다. 그러나 두루뭉술하고 얼굴 좋아 보이는 사람하고는 사귀면 그 연이 오래가지 못한다. 까칠하다고 생각할 수 있는 김보금 소장과의 일은 군더더기가 없다. 그 사람을 경험하지 않은 사람은 말할 자격이 되지 않는다. 참 따뜻하고 고운 사람이다. 일도 잘하지, 정직하지, 믿음이 강한 사람이다. 평생을 이 단체에 몸담고 있지만 절대 후회하지 않는 이유 중의 하나가 김보금 소장과 함께여서이다.

간혹 듣는 말 중에 '김보금이 일 잘한다, 잘났다!'는 말이다. 광역단위의 실무 총책임자이며, 전라북도여성일자리센터장을 4년 동안 재임할 정도로 실력을 인정받은 사람인데 일 잘하고 잘났다는 말은 당연한 것이다! 이를 회장으로서 인정하고, 칭찬하고 격려하는 것이 바로 나의 역할이며, 또 회장으로서 김보금 소장과 함께 일한다는 것, 더불어 단체의 발전과 소비자 권익운동을 하고 있는 것 자체가 나에게는 행복이고 큰 기쁨이다.

김보금 소장의 일에 대한 추진력과 업적은 다양한 국가정책 반영과 수상 이력, 대외적인 평가로 익히 다 알려진 사실이다. 나는 김보금 소장의 보좌를 받는 회장으로서 인간적인 김보금의 모습을 제대로 보여주고 싶었다.

나는 김보금 소장이 하는 일이라면 무한 지지한다. '그래, 해봐!'라고 응원하고 지지한다. 안 된다고, 하지 말라고 만류한 적이 없다. 그만큼 김보금 소장은 아무도 걷지 않은 길을 걸어왔으나 성취했고, 이 지역사회 발전과 소비자 권익과 단체의 발전을 함께 이끌어 냈다. 이제는 후배 양성을 위해 장학금까지 지원하고 있는 것으로 안다. 내가 그래왔듯이 김보금 소장 또한 혼자가 아닌 '함께, 같이, 더불어' 사는 세상을 위한 노력은 계속될 것이다. 바로 이 책을 펴낸 이유 또한 함께하는 소비자운동을 위해서라는 것을 나는 안다.

유유순 한국여성소비자연합전북지회장, 전)전라북도의원

추천글 2

지역사회 여성을 대표하는 소중한 자산이라 칭하는 함윤호 아나운서

*단순히 소비자 운동을 뛰어넘는
지역사회의 변화의 말을 이도어주고 믿어의심지않는다*

프리드리히 니체의 "인간은 늘 최초의 목적을 망각하고는 한다."는 말은 최소한 김보금 소장에게만은 통하지 않는 것 같다.

처음 김보금 소장을 만난 건 그녀의 소비자 운동에 절반을 가르는 즈음이었다. 내가 진행하는 방송의 패널로 첫 인사를 나누었던 때를 기억한다. 무용을 통해 다져진 날씬하고 샤프한 이미지를 넘어 방송에서 보여준 모습은 어떤 남성보다도 열정적이고 성실하고 강한 이미지였다.

내가 니체의 말을 서두로 한 이유는 그가 그로부터 16년이 지난 지금까지도 한결같기 때문이다. 그것은 아마도 늘 무용을 통해 심신을 단련했기 때문이 아닌가 싶다. 그 힘은 고스란히 현장으로 이어졌다.

나의 방송의 출연자 중에 가장 많은 출연 횟수를 가진 사람이었고, 그의 말에는 본래 자신의 소비관련 주제를 넘어 지역의 정치와 사회문제 전반에 걸쳐 영향을 주는 힘이 있었다. 김보금 소장의 출연은 지역방송의 남성 패널 중심의 구도에서 지역사회의 여성을 대표하는 소중한 자산이었다.

내가 처음 느꼈던 소비란 '단순히 무엇을 사고 쓰는 정도의 소극적 행위'였다. 그러나 김보금 소장과 함께하며 다시내린 소비의 정의란 '소비자의 권리'였다. 우리에게 소비의 힘은 정치나 경제라는 우리 사회의 어떤 거창한 것보다도 가깝고 크게 자리하고 있었고, 나에게는 모든 사람의 하나하나의 소비가 마치 사회의 모든 문제의 시작과 끝이 되는 연장선상에 있는 것처럼 느껴졌다.

우리는 개인으로서의 삶보다 소비자로 살아온 시간이 더 많았다. 그동안 우리의 일상적 소비 행태가 갖는 이념적, 정치적, 윤리적 문제를 너무 소홀히 했다는 뼈아픈 자각도 있었다. '시민의 소비자화'는 이미 오래전에 이루어졌다.

강준만 교수의 《쇼핑은 투표보다 중요하다》를 읽었다. 사실 책의 중심은 소비라는 것에 관한 것이었다. 소비가 세상을 바꿀 수 있다고 믿는 시민 소비자의 모습이 사회의 변화로 이어졌듯이, 그간 김보금 소장이 걸어온 길을 담은 이 책이 단순히 소비자 운동을 뛰어넘는 지역사회의 변화의 밀알이 되어 주리라고 믿어 의심치 않는다.

"밀알 하나가 땅에 떨어지지 않으면 한 알 그대로 있고, 땅에 떨어져 썩으면 많은 열매를 맺는다."는 성경의 한 구절처럼 김보금 소장만큼은 나보다는 우리, 개인보다는 사회의 떨어진 밀알이 되기 위해 걸어온 사람이라고 말하고 싶다.

함윤호 KBS전주방송국 아나운서

추천글 3

정책 아이디어가 반짝반짝 빛나서
항상 배울 것이 넘쳐난다는 김승수 전주시장

> 김보금 소장의 소비자운동은 캠페인 차원에서 머물지 않고
> 정책으로 발전하여 전국으로 확산되었다는 데 큰 의미가 있습니다

　말과 행동이 일치하는 사람을 만나기가 어려운 세상입니다. 김보금 소장은 그 어렵다는 '언행일치'를 30년 넘게 현장에서 실천하고 계십니다. 바지런하고 성실하여 맡은 업무를 200% 이상 해내시는 데다, 정책 아이디어도 반짝반짝 빛나서 항상 배울 것이 넘쳐납니다. 이런저런 인연으로 같이 일을 해보기도 했고 자문위원으로, 전문가 간담으로, 긴 시간 토론을 벌일 때도 많았습니다. 특히 갈등이 첨예했던 '전주시 택시 다울마당' 위원장을 맡으면서 어려움도 많았지만 특유의 명쾌한 논리와 리더십으로 큰 도움을 주셨습니다. 그러한 능력은 하루아침에 만들어진 것이 아니고 수많은 공부와 깊은 생각이 뒷받침된 결과일 것입니다. 경제활동의 그림자로 소리 없이 파묻혀 있던 다수의 대중에게 '소비

자로서의 권리'를 일깨워주고 이름 없는 주부들을 삶의 주체로 우뚝 서게 해준 그의 활동은 지금도 이어지고 있습니다. 과거형이 아니고 현재형이라는 데 우리의 놀라움이 있습니다. 벌써 20여 년 전 동네 가게의 물건 품질과 서비스를 평가하여 점수를 매기는 소비자운동이 펼쳐졌고, 이것은 곧 '우리 동네 가게 알리기 운동'으로 이어졌습니다. 전국 최초로 시작된 우리 동네 가게 알리기는 '착한 가게운동'이라는 이름으로 명명되어 전국으로 퍼져나갔습니다. 이 일로 김보금 소장은 국민훈장 목련장까지 수상하게 됩니다. 착한 소비, 착한 임대, 착한 가게는 그렇게 연결돼 있습니다.

김보금 소장의 소비자운동은 캠페인 차원에서 머물지 않고 정책으로 발전하여 전국으로 확산되었다는 데 큰 의미가 있습니다. 처음에는 음식물쓰레기 줄이기 운동으로 소박하게 시작했던 음식물 감량 캠페인이 식당에서 가정으로, 아파트에 이어 교회까지 거대하게 퍼져나간 일도 있습니다. 병원에서 반출된 폐주사기 불법 사용에 대해 발 빠르게 현장조사를 실시하여 마침내 '녹색병원 인증제'까지 도입하게 만든 일도 유명합니다. 그때까지는 생소했던 감염성폐기물에 대한 경각심을 일깨워주기도 했지요. 시작은 미약하나 끝은 늘 창대하게 마무리되곤 했던 김보금의 소비자운동은 소비자고발센터만이 아닌 전주와 전라북도의 브랜드가 되었습니다. 그 힘은 김보금 소장에게 있었다고 해도 과언이 아닐 겁니다.

모든 정책은 작은 데서 출발하여 끝내 우리 삶을 변화시키는 거대한 파도로 몰려옵니다. 누구도 주목하지 않았던 소비자운동에 매진해온 김보금 소장에게는 수많은 노하우와 비법이 있을 것 같습니다. 소비자운동은 단지 문제의식만 있다고 해서 진행할 수 있는 일이 아닙니다. 설득력과 추진력, 집요함과 성실함, 공감능력과 실무능력까지 겸비해야 합니다. 세상을 보는 올바른 눈과 인간에 대한 섬세한 시선도 갖추고 있어야 합니다. 그 모든 것을 오롯이 갖춘 분이 바로 김보금 소장입니다.

  소셜네크워크의 발달로 소비자의 권리도 막강해졌고 권리를 누리는 방법도 다양해졌습니다. 시대에 따라 소비자운동에도 새로운 소명이 부여되고 있습니다. 중요한 것은 소비자에게 억울하고 부당한 일이 없도록 늘 깨어있어야 한다는 것입니다. 소비자운동 현장에서만 무려 31년! 전북여성교육문화센터장 임기 4년을 제외하고는 한결같이 현장에 있었습니다. 한 분야에 통달한 사람을 우리는 '장인'이라고 부릅니다. 김보금 소장은 바로 소비자운동의 장인입니다. 곡진한 사연과 실감 나는 현실이 깃들어 있는 그의 소비자운동 이야기. 저도 소중히 귀 기울여 더 새롭고 좋은 정책으로 만들어나가겠습니다.

김승수 전주시장

추천글 4

'시원한 사이다, 똑순이 누님'이라 부르는 박용근 기자

*입 바른 소리는 상대를 가리지 않고 해 대지만,
정작 속내는 소녀처럼 여리다.
완벽해 보이는 인간에게 사람 냄새까지 곁들여지면 어찌 되나…*

김보금. 이분을 나는 '똑순이 누님'이라 부른다. 이분의 인생사에 슬금슬금 끼어든 지가 수십 년 전이다. 오랜 인연을 돌이켜보니 그 별칭만큼 딱 맞아떨어지는 말이 없다. 실명보다 그 호칭을 쓸 때 더 기분이 좋아지는 이유다. 그의 궤적은 한마디로 거침이 없었다. 맘 먹은 것은 반드시 해냈다. 소비자운동에 31년을 천착해 온 것은 그리 경이로운 게 아니다. 필경 사람 사는 일이 허투가 보이기 마련인데 이 사람은 그런 빈틈을 허용하지 않는다. 그렇다면 사람이 매몰차거나 인정머리 없기 십상일 터다. 그런데 이 누님은 입바른 소리는 상대를 가리지 않고 해 대지만, 정작 속내는 소녀처럼 여리다. 완벽해 보이는 인간에게 사람 냄새까지 곁들여지면 어찌되나.

감히 서평을 쓰기 위해 펜을 잡은 이유도 같은 맥락이다. 책을 쓴 이가 다름 아닌 김보금이란 사람인데 그냥 말 수 없었다. 그는 한결같다. 한참 혈기방장할 때나, 예순을 쉬 넘긴 지금이나 그 사람 마음 씀씀이는 변한 게 별로 없다. 그러면서도 늘 진화해 나가는 그의 삶은 진정 경이로움에 닿아 있다.

필자가 올챙이 기자 시절 김보금이란 사람을 처음으로 만났으니 어언 30여 년이 다 되어 가는 것 같다. 옛 전북은행 건물 옆 초라한 2층 사무실 한 켠에서 그를 만난 것으로 기억한다. 자로 잰 듯 커트한 단발머리의 30대 소비자고발센터 직원이 그였다. 첫인상은 만만치 않았다. 허투가 없고, 바른말만 해대니 당연히 호감보다 경계심을, 방어선을 구축해야 했다. 하지만 이후 내 마음속에 들어앉은 시간은 그리 오래 지나지 않았다 격변기의 사회흐름에 대해 통렬한 비판이나 소신을 내던질 때면 더운 날, 땀 흘린 후 마시는 '시원한 사이다' 생각이 났다.

소비자운동 외길을 달려오면서 쪽방 사무실 살림살이는 번듯한 소비자정보센터 건물을 지어 둥지를 틀었다. 그 구석엔 공정무역 카페가 차려져 있다. 작은 카페지만 이 지역 소비자운동의 지향점을 역설하는 곳이 아닐 수 없다. 수많은 족적 속에 남겨진 결실을 차치하고, 나는 오늘날 전북, 그리고 국내 소비자운동이 촘촘히 뿌리내릴 수 있었던 한 지류를 '똑순이 누님'이 터놓았다고 믿는다.

이번에 내놓은 책 역시 30년 이상 체득돼 온 산 경험의 축적판일 터다. 소비자운동이 어떻게 지역에서 시발됐는지부터 실제 우리 실생활에 접목될 수 있는 소비자피해들이 사례들로 제시된다. 작금 소비자운동은 과거와 확연히 달라졌다. 소비자주권을 창출해 나가는 시대가 된 것이다. 이 책이 소비자운동에 참여하는 시민들을 위한 길잡이를 해 주는 것도 눈에 들어온다.

나의 경솔한 필치로 31년간 손때 묻은 비망록을 발췌해 엮어낸 이 저서에 대해 운운하는 것 자체가 부끄럽다는 생각이 든다. 다만 이 책의 구석구석에서 묻어나는 '똑순이 누님'의 땀 냄새는 물씬 맡으시길 권한다.

이 책에는 저자가 가녀린 몸으로 어떻게 그 많은 일들을 섭렵해 나가는지 세세한 흔적들도 감지할 수 있을 것이다. 소비자운동의 빡빡한 여정 속에 쥐도 새도 모르게 박사학위를 받더니, 여기저기 강의준비에 바쁜 그다. 어느날 저녁에는 한국무용 발표회 초청장이 와 가 봤더니 뜬금맞게 주연급 무용수가 돼 있었다. 최근에는 수묵화에 빠져 난을 치는 데 빠져 있다니 그의 도전은 어디까지일까.

참 희한하면서 이해할 수 없는 게 하나 있다. 한국 정치판을 상식적인 사람은 쳐다봐선 안 될 곳이라고들 한다. 그 관점에 동의하는 이유는 수도 없이 댈 수 있지만 나는 저자를 쳐다보며 더욱 강렬하게 느낀다. 한국 정치사에서 때만 되면 등장하는 것이 '참신한 인물'인데 왜 멀리서 찾나. '똑순이 누님' 같은 인간 보물을 보고도 못 본 체하니 청맹과니 정치란 이를 두고 하는 말이다.

이 글을 보면 우리 누님은 "쓸데없는 소리를 한다."며 혼쭐을 낼 것이다.

그렇다. 나는 순수혈통의 그가 혹여 정치판에 등판할 일이 생긴다면 쌍수를 들고 반대할 것이다. 아부도 못 하고, 부자도 아닌 '똑순이 누님', 지금처럼 내년에도 책 한 권 더 내주시면 안 될까요.

박용근 경향신문 기자

차례

머리글   소비자운동 현장에서 쓰다   2

추천글1   **유유순** 한국여성소비자연합전북지회장, 전)전라북도의원   7
추천글2   **함윤호** KBS전주방송국 아나운서   10
추천글3   **김승수** 전주시장   12
추천글4   **박용근** 경향신문 기자   12

제1장   출발

1. 사)한국여성소비자연합전주지부 태동   23
2. 소비자단체의 역사   32
3. 소비자단체의 주요활동   34
4. 소비자단체 조직구성   37
5. 함께한 활동가들   38
6. 사옥을 마련하다. 견학장소가 되다   43
7. 어디까시가 소비자운동인가?   48

제2장   소비자상담 현장에서 "피해 사례"

사건 1) 투어라이프 상조회 피해 소비자 7천여 명, 60억 원 보상처리   59
사건 2) 코로나19 재난발생으로 인한 여행 등 소비자 피해 잇따라   63
사건 3) 유사투자정보업체 성행으로 고령소비자 피해 심각   68
사건 4) 모바일 쇼핑, 소비자 피해 급증   71
사건 5) 주차 중 파손된 차량 수리비 보상   75
사건 6) 여성 목욕탕에 남성 침입에 의한 정신적 위자료 청구   77
사건 7) 110만 원, 고가의 운동화를 아시나요?   81
사건 8) 노총각 두 번 울리는, 결혼중개 업체   86
사건 9) 아파트 내 설치된 통신설비시설 전기요금, 입주민에게 전가   91
사건10) 음식물 이물질로 인한 치아 파손, 치료비 배상 청구   98

※ 소비자전문 상담가 되기   102

제3장 작은 정책들

1. 돌반지에는 풍남문 마크를!   111
2. 녹색병원 인증제   115
3. 착한가게   123
4. 빈 그릇 아파트   130
5. 어린이 소비자교육체험관   136

제4장 소비자 전문가 좌담회

Part1) 코로나19 시대와 소비자문제   150
Part2) 새로운 형태의 소비자 문제의 발생   155
Part3) 소비자3법에 대한 논의   158
Part4) 소비자 재단과 소비자 기금의 현재 상황   160
Part5) 1372 소비자상담센터와 지방소비자행정의 안정화   163
Part6) 소비자정책위원회의 독립성, 권한 강화   165
Part7) 소비자단체에 대한 시대적 사명과 소비자단체에 대한 응원   166

제5장 신문 기사로 본 소비자 현장 이야기

1. 보험회사가 "과실사"를 "자살사"로 바꾸어 보험금을 지급하지 않은 사건 174
2. "아무래도 가짜 꿀 같아요" 176
3. 냉장고에서 오토바이 소리가 들려요 178
4. 전국에서 처음인 「전북소비자대회」 180
5. 세탁소에서 실수한 밍크코트, 일수로 갚다 182
6. 악법도 법인가요? 184
7. "좋은 말 할 때, 따라와" 186
8. 소비자는 기후변화의 피해자인가? 가해자인가? 188
9. 소상공인 '소비자를 알면 성공이 보인다' 190
10. 생산자와 소비자의 상생, 로컬푸드! 192
11. 니가 왜, 거기서 나와~ 194
12. 미원탑 아래 임금님 다방에 숨다 196

제6장 주제별 활동 및 연보

1. 전북 14개시·군 지부개설을 통한 지방소비자 권익 강화 201
2. 소비자 상담 및 피해구제를 통한 소비자권익증진 운동 203
3. 소비자 의식 조사 및 설문조사를 통한 간담회·토론회 개최 205
4. 소비자교육 210
5. 소비자대회 216
6. 지속 가능한 환경 활동 217
7. 소비자 정책제안 218
8. 윤리적 소비 활동 221
9. 먹거리 운동 222

에필로그 224

제1장

출 발

제1장
출발

이 세상 사람들이 모두 잠들고
어둠 속에 갇혀진 꿈조차 잠이 들 때
홀로 일어난 새벽을 두려워하지 말고
별을 보고 걸어가는 사람이 되라
희망을 만드는 사람이 되라

– 정호승(희망을 만드는 사람이 되라)

1. 사)한국여성소비자연합전주지부 태동
(2003, 사)한국여성소비자연합으로 명칭 변경)

1984년 11월, 전주시 서노동송 632-2 영진 빌딩 5층, 4평의 옥탑방이 중학교 교사 퇴임 후 처음 직장 주소다. 소비자고발센터라는 명칭도, 김보금 선생에서 '김보금 간사'라는 호칭도 생소했다. 간혹 방문하는 소비자에게 위치를 설명하기에 애매한 장소였다. 전주 중앙시장 근처 한 빌딩의 지붕 밑 다락, 옥탑방이라고 해야 빨리 알아들었다. 승강기도 없으니 5층까지 걸어가서 일단 신발을 벗고 헬스클럽을 지나 안으로 들어가 계단을 오르면 임시방편으로 낸 옹색하기 그지없는 방과 맞닥뜨리게 된다. 책상 하나 덩그러니 제대로 서 있지도 못했던 4평의 공간, 게다가 에어로빅 강습 시간이면 시끄러워 전화를 받기도 어려웠던 시절이었다.

써놓고 보니 먼 옛날얘기 같다.

일당백이라고 상담도, 회계도, 청소도, 모두 혼자 담당하였다. 당시 결혼 후 첫아이가 8개월 정도 되었고 큰며느리라서 시누이 등 7명의 대가족과 살면서 군산에서 전주까지 출퇴근하던 시절이었다.

교사월급의 반도 되지 않는 월급이 거의 교통비로 지출이 되었지만 열 번을 생각하여도 소비자 활동가의 길을 후회하지 않는다. 즐겁고, 의미 있고, 재미있고, 심지어 희열을 느끼기까지 하니 소비자운동을 직업으로 선택한 나는 행복한 사람이다.

소비자운동의 1세대 김천주 회장님과 (故)정광모 회장님과의 만남

"맨홀에 아이가 빠져 사망했다면 주민 모두의 책임입니다."
맨홀에 빠진 아이문제가 소비자문제인가? 사회문제인가?

신입 소비자운동가를 대상으로 하는 교육이 1년에 한 번씩 있었다. 처음 교육에 참석했을 때 지금은 고인이 되신 하얀 머리의 정광모 회장님은 칠판에 맨홀을 그리셨다. 전날 동네 공사를 마치고 맨홀 뚜껑을 덮지 않아 동네 아이가 걷다가 맨홀에 빠졌고, 춥고 늦은 저녁이라 미처 아이를 발견하지 못해 결국 사망한 사건이었다. 가끔 보던 뉴스 내용이었다. 아이의 사망 책임은 공사업체에 있지만 동네 주민들이 안전사고를 예상하여 맨홀에 주의 표시를 하지 않은 책임도 있다며, 소비자운동은 개인의 보상을 떠나 다른 소비자 피해를 예방하는 차원에서 함께하는 운동임을 강조하실 때 내 가슴은 뛰었다.

특별히 소비자 운동계의 '살아있는 전설'이신 김천주 회장님을 출근 이틀 만에 전주상공회의소 [소비자고발전시회]에서 뵈었다. 불량상품을 모아 전시회 여는 것도 처음이고 본부 연합회장님이라는 직책도 생소하고 이제 막 교사 옷을 벗은 신참 간사인 필자에게 준비가 미흡했다며 불호령을 치시는 모습에 어안이 벙벙하고 속상한 마음에 도망가고 싶었다. 현재 회장님을 뵌 지 31년 세월이 흘렀지만, 여전히 단정한 개량한복에 단호하고 정확한 상황 판단의 말씀은 기업이나 중앙부처에서도 소비자단체를 무시하지 못하도록 어르신 역할을 하고 계시니, 후배로서 따르고 싶고 존경하는 선배님이 김천주 회장님이다.

여하튼, 소비자운동은 단순히 소비자 불만을 처리하는 일만이 아닌 사전 예방을 목적으로 다양한 조사사업이 이루어진다. 특히 1988년 올림픽을 앞두고 다양한 생활필수품의 대량판매와 가전제품의 수출 등으로 소비자들의 피해가 급증하기 시작하였다.

1984년도에 시작된 사업을 보면 대부분 물가와 관련된 가격조사와 표시사항 조사 그리고 공산품에 대한 실량검사, 소비자 정책제안, 상품테스트 등이었다.

다방가격표, 목욕요금, 음식점 육류 중량표시와 가전제품 가격표시 등의 실태조사를 진행하였다. 당시 올림픽과 명절을 앞두고 중앙정부나 자치단체에서는 물가를 잡는다고 발표하였다. 실제 물가를 잡을 수 있었던 시기였다. 이유는 국민들과 밀접한 요금이나 가격은 고시가격으로 발표하였기 때문이다.

1980년대 중반에는 위생에 중점을 두고 의식조사를 실시하였고, 90년대 중반에는 쓰레기 종량제가 실시되면서 지속가능한 소비·환경을 화두로 다양한 정책 고민과 연구가 진행되었다.

해마다 지역별로 조사와 상품테스트에 관한 횟수 등이 결정이 되면 항목을 선정하고 체크리스트를 만들어 결과 보고서를 작성한 후 언론에 보도자료를 보낸다. 보도 이후 사업자는 뉴스를 보도한 방송국에 쫓아가기도 하고 도청이나 시청을 항의 방문하기도 했다. 마지막엔 우리 사무실 앞에 진을 치고 앉아 고함과 볼멘소리를 냈다. 어느 땐 사무실에 들어가지도 못하고 사무실 인근 '임금님다방'에서 당시 전북일보 허명숙 기자와 숨어 있었던 기억도 새롭다.

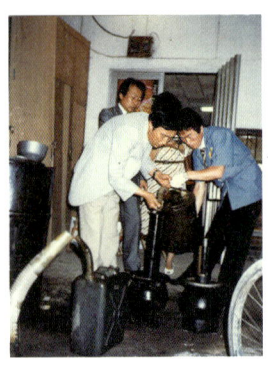

다윗의 뒤에 하나님이 존재했던 것처럼

소비자안전을 위협하는 상품에 대한 검사를 실시하는 상품테스트 항목이 있다. 함량을 속인 금반지에서 멜라닌 색소를 첨가한 가짜 꿀 사건까지 소비자고발이 접수되었다. 86년에는 돌반지와 목걸이를 전주 시내 금은방에서 구입하여 검사를 의뢰하였다. 어렵게 마련한 시료비로 24K 돌반지와 목걸이 총 12개를 구입하여 금 함량 검사를 실시하였다. 구입 시 대부분 품질보증서와 영수증은 받았는데 12개 중 11개가 함량 미달이고 이 중 3개는 중량까지 적었다. 24K면 금 함량이 99.99%라는 것은 아는 상식으로, 품질보증서도 못 믿는다면 인증마크를 도입해 보자는 사업자들과의 논의를 거쳐 전주에서 풍남문 마크를 귀금속에 각인시켰다. 전국적으로 무궁화 마크가 활성화되면서 전주에서 금 구입을 하면 전국 어디를 가서도 풍남문 마크를 보면 양질의 제품임을 알아준다며 사업자들도 자부심을 느끼며 자화자찬하였다. 당시에는 돌잔치에 축의금보다는 돌반지를 선물로 주던 시기였으나 정부에 관련 법규가 없어 함량을 속인 업체에 대해 행정 제재는 불가했으며, 사기죄 처벌로 그치는 정도였다. 지금도 몇 분 안 되는 당시 금은방 사장님들께서는 그때 이야기를 하신다.

때깔 나고 부드러운 공단으로 폼나는 상자에 담겨 있는 백화점용 로열젤리와 꿀이 맛과 입자가 이상하다는 신고가 들어왔다. 가격은 일반가게에서 파는 제품과 거의 10배 이상 차이가 난다며 검사를 요청하였다. 해당 백화점에 꿀 수거는 물론 지리산과 무주에서 판매하는 꿀을 직접 다니며 수거해서 검사를 의뢰하였다. 백화점용 꿀은 우리지역의 모 농협제품이라고 표시까지 되어 있었는데 검사결과 꿀이 아니라 설탕과 멜라닌 색소를 넣은 가짜로 확인되었다. 즉시 백화점에 진열된 제품을 모두 수거하여 사무실 창고에 보관하고 해당 상표에 표시된 농협으로 공문을 발송하자 전혀 꿀을 판매한 적이 없다는 회신이 왔다. 어떻게 알게 되었는지 사업자가 나타났다. 조사결과 결국 깊은 산속에서 누군가 상표를 도용하여 대량으로 가짜꿀을 만들어 판매한 것으로 드러났다. 가짜꿀을 판매한 업체는 신문에 사과문을 게재했고 피해 소비자에게는 환불 처리하였다. 지금 생각해 보면 당시 리콜제도가 없던 시절에 전북지역 최초의 리콜사건이었다.

언제부턴가 퇴근 후 귀가 길에 누군가 내 뒤를 밟고 있었다. 일부러 사람들이 많은 시내중심가를 걷다가 포장마차로 들어가고, 시간이 지나면 얼른 버스를 타고, 다시 중간에 내려 다른 버스로 환승하는 방법으로 따돌렸지만, 해마다 상품테스트와 실태 조사결과를 발표하면 한동안 불만세력에 시달려야 했다. 어느 사업자는 우리 아이들이 다니는 학교까지 알아내어 협박도 했다. 집에서는 소비자단체 활동이 위험한 일이니 그만둘 것을 권하기까지 했다. 그때 당시 KBS 전주 라디오에서 매주 소비자 상담을 함께 진행하던 故 박준열 아나운서는 "다윗의 뒤에 하나님이 존재했던 것처럼" 소비자들의 뜨거운 성원과 격려가 "죽어도 가라"는 명령처럼 소비자운동의 싸움 전선에서 회유와 협박에도 당당히 일하라고 응원해 주셨다.

소비자고발센터요? 사람고발도 받습니까?

"사람 고발도 받나요?"

가끔 비 오는 날이면 황당한 전화가 걸려온다. 지금처럼 '감정노동'이라는 단어가 생소하던 시기에 소비자상담창구에는 부부 문제, 이웃과의 갈등문제까지 다양한 상담들이 접수되었다.

음주상태에서 부인을 고발하고 싶다는 전화, 누군가 수돗물에 독약을 넣었다며 수질검사를 요구하는 전화 등 다양한 개인사에 해당하는 상담들이 접수되었다.

1977년부터 1983년까지 필자는 군산시 옥구군 대야면에 있는 진성여중의 무용교사였다. 당시 사립학교는 대부분 결혼과 동시에 사표를 내야 했다. 학교와 투쟁할 수도 있었지만 부당함에 목소리를 내기에는 혼자였고, 결혼과 함께 학교를 그만두고 유치원 원감으로 가기 위해 준비하고 있었다. 당시 걸스카우트 훈련강사를 하고 있던 나는 걸스카우트 전북연맹장이시던 故 조옥영 회장님의 권유를 받게 되었다. 소비자고발센터에서 일 해보는 건 어떻겠냐고.

지금의 사단법인 한국여성소비자연합의 전신인 사)대한주부클럽연합회의 전주지부장을 겸임하던 조옥영 회장님께서 한 번도 들어본 적 없는 전주소비자고발센터 간사직을 제의하셨고 나는 1984년 11월 30일 근무를 시작했다. 당시 군산에서 전주로 출퇴근하던 시기다.

전주지부가 1983년 7월 23일 개설되었으니 소비자고발센터 개설 1년 4개월 만이다. 전주 서노송동 632-2 영진빌딩 4층에 옥상 4평짜리 사무실에서 혼자 근무를 시작했다.

지부 개설 당시 故 조옥영(회장), 故 정영애(부회장), 김규정(부회장), 곽인순, 유유순, 김성애, 이학림, 정순례, 이민희, 박춘자, 오영희, 정현숙, 구순례 이사 등 13명이 발기인으로 이사회를 조직하고 양반의 도시 전주에서 처음 소비자고발 업무를 시작했다. 이는 전북소비자 운동의 시작이기도 했다.

당시에는 시외전화 요금제도가 있어서 소비자고발센터 소재지역인 전주를 제외한 전북 13개 시·군에서는 소비자상담시 방문을 하거나 전화상담 시 시외전화요금을 부담해야 하는 상황이었다. 소비자고발상담의 50% 이상은 전주가 아닌 13개 시·군에서 접수되어 지부개설의 필요성이 절실하였다.

이에 지역 소비자문제는 지역에서 처리하는 것이 효율적임을 판단하여 1987년부터 군산, 익산, 남원, 정읍을 출발로 지부를 개설하였다.

처음 지역에 지부를 개설할 때 지역에서 활동할 수 있는 여성들을 모으고 뜻 있는 분들의 집 안방과 거실에서 지부를 개설하는 절차를 진행하였다. 어느 정도 회원과 회장이 결정되면 자치단체장을 설득하고 소비자와 여성업무를 담당하는 공무원에게 지역에서 단체의 필요성을 설명하고 설득하며 지부를 조직하고 다녔다.

전북지역 14개 시·군 중 순창군, 임실군, 진안군, 장수군은 인구 3만 명이 안 되는 지역들이다. 인구 2만 4천여 명의 무주군에 지부를 개설할 때는 좁은

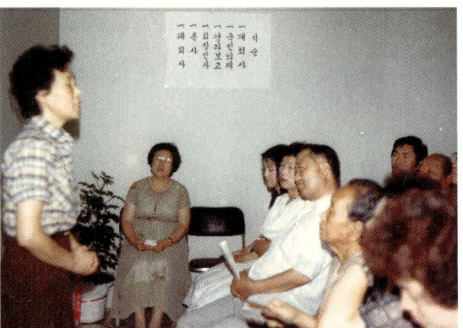

동네에서 옆집 사람이 판매한 물건에 문제가 있어도 어찌 이웃집을 고발할 수 있겠냐며 지부장이나 실무자로 나서는 사람이 없었다. 당시 단순고발이 아닌 소비자·여성의 권익향상과 피해예방적 차원에서의 단체의 역할과 필요성을 강조하며 설득작업을 진행했고, 사무실 공간을 만들고 임직원을 구성하는 어려운 시간을 보내기도 했다.

더욱이 전북은 양반의 고을 아닌가. 지역의 분위기가 당차게 내 것을 주장하고 받아내는데 조심스럽다 보니 한 달 소비자고발건이 채 10건이 안 될 정도였다. 도청 소재지인 전주가 이 정도이니 농촌지역에 지부를 개설하는 데 애로점이 많았다.

지방자치가 시행되기도 전인 1987년부터 1993년까지 군산시를 필두로 전북 14개 시·군에 지부를 조직하여 시·군지역 전체에 소비자단체지부가 개설된 곳은 전북지역이 유일했다. 당시 지방소비자문제를 연구하는 석·박사 논문을 위해 우리 단체를 방문하는 사람들이 많았으며, 지역에서 일어난 문제를 스스로 처리하는 '소비자분야의 지방자치'를 선두로 추진했다는 자부심이 컸다.

당시 지부 개설로 농촌지역을 줄기차게 다니며 활동하던 시기, 지지와 응원을 해주시던 전북 1대 조옥영 회장님과 2대 정영애 회장님은 작고하셨고, 남원 유경남 회장님도 이미 고인(故人)이 되시어 가끔 어려운 문제가 발생할 때는 보고 싶고 그리워진다.

2. 소비자단체의 역사

우리나라 소비자운동은 1950년대 중반 한국 YWCA연합회와 한국부인회, 대한어머니회 등이 소비절약과 저축생활계몽운동 등의 활동을 소비자운동의 효시라고 보는 견해도 있지만 실질적인 소비자운동을 1960년대 후반부터로 본다.

대한주부클럽연합회는 1966년 창립되었으며 1976년 4월 16일 대한YWCA연합회, 대한주부클럽연합회, 전국주부교실중앙회, 여성단체협의회등 4개 단체가 서울시 소비자보호단체협의회 발기총회를 거쳐 1978년 3월 14일 사단법인 소비자단체협의회로 승인을 받으며 본격적인 소비자활동을 전개하였다.

이후 한국소비자연맹이 1979년, 소비자문제를 연구하는 시민의모임이 1985년, 한국YMCA가 1988년, 한국부인회와 공익문제연구원, 한국소비자교육원이 1988년, 한국소비생활연구원이 2001년, 녹색소비자연대가 2000년에 한국소비자단체협의회에 가입하면서 본격적인 소비자활동을 전개하였다.(주:김보금 2006, 논문 P19.)

2020년은 소협 탄생 44년의 역사가 되었으며 지금까지 경제·사회·환경면에서 많은 업적을 기록하였다. 그동안 소비자들 스스로 소비자 8대 권리를 토대로 성장하였고 기업 또한 소비자권리 충족을 위하여 가습기 사건과 자동차 급발진사건 등 미흡한 부분도 있지만 상품개발에 노력하여 경제대국 반열에 오르게 되었다.

이후 1980년대 한국소비자보호원(현재는 한국소비자원)이라는 현재의 공정거래위원회 업무보조기관을 만들었으며 지방자치단체가 운영하는 소비생활센터를 두는 동시에 공정거래위원회의 지방지원조직과 한국소비자원의 지방조직으로 이중 운영을 하면서 민간소비자단체에서 이루어지던 소비자업무가 중복되는 부분이 있었다.

2010년에는 소비자단체가 각 지역별로 접수받던 소비자고발·상담체계가 '1372 통합 소비자상담센터'로 새롭게 탄생하였다. 소비자상담 통합시스템으로 서울시는 11곳, 부산광역시는 8곳, 대구광역시는 5곳, 인천광역시는 3곳, 광주광역시는 3곳, 대전광역시는 7곳, 울산광역시4곳, 경기도 26곳, 강원도 5곳, 충청북도 7곳, 충청남도 12곳, 전라북도 16곳, 전라남도 6곳, 경상북도 9곳, 제주도 3곳 등 총 125곳에서 민간소비자단체들이 소비자상담을 통해 소비자권익에 노력하고 있다. (2020년 1월 기준)

이후 대한주부클럽연합회는 한국여성소비자연합으로, 공익문제연구소는 소비자공익네트워크로, 전국주부교실중앙회는 소비자교육중앙회로 단체 명칭을 변경하였다.

3. 소비자단체의 주요활동

소비자단체의 주요활동으로는 소비자상담 및 불만처리활동, 소비자교육활동, 시장감시활동, 상품검사 및 연구조사, 정책건의 활동과 연대활동 등 6개 영역으로 구분할 수 있다.

첫째, 소비자상담의 경우 소비자는 시장에서 기업에 비해 경쟁력, 정보획득 능력, 교섭력 등에서 상대적으로 열위에 있는 소비자들에 대한 소비자상담과 피해구제는 소비자단체들의 주요활동으로 소비자 권익의 가장 큰 영역이다.

둘째, 피해를 예방하는 차원에서는 소비자교육이 필요하다. 소비자마다 생활양식과 가치가 다르고 소비자의사결정이 다르다. 생애주기별로 주요 구매 품목이나 피해처리 방법도 다르며 당시 경제상황에 따라 소비자문제도 다르기 때문에 계속된 소비자교육은 필요하다. 특히 IT 발달과 유튜브 이용이 늘어나면서 동영상을 통한 소비자교육도 다양화 하고 있으며 어릴 적 소비자교육의 필요성으로 어린이와 청소년대상 교육이 확대되고 있다.

셋째, 시장감시 활동이다. 민간단체의 중요한 기능의 하나가 국가와 시장이

지닌 권력을 비판하고 감시하는 기능이다. 유형에서 무형까지 소비자관련 상품과 서비스에 대한 시장감시와 공정거래 질서를 위한 견제활동이다. 1980년대 후반까지도 물가를 잡는다며 목욕탕 요금에서 미장원 파마요금까지 조사를 하던 기억이 새롭다. 지금은 플랫폼을 이용한 택배나 배달요금 등 문제를 제기하여도 고시가격이 아닌 자율가격이다 보니 통제가 불가능하다. 이는 고가의 서비스요금조차도 소비자선택에 의한 결정이기 때문에 불공정 행위로 결정하기에는 애매한 일들이 더 많아지고 있다.

넷째, 상품검사활동이다. A씨는 무료 관광여행을 갔다가 건강보조식품을 사게 되었다. 50만 원이 넘는 녹용제품을 복용하고 나면 배가 아프고 얼굴이 붓는 증상으로 성분검사를 요청하였다. 이러하듯 진짜 꿀이냐 진짜 홍삼이냐며 검사를 요청할 때 소비자단체가 전문 상품검사실을 갖고 있지 않아 한국소비자원이나 지역의 보건환경연구원 등을 이용하고 있다.

다섯째, 연구조사와 정책건의이다. 대한민국에서 소비자로 살아가면서 불공정한 거래로 억울한 일을 당하기도 하고, 새로운 소비이슈 및 신소비유형의 문제가 발생되었을 때 적용할 수 있는 관련 기준 및 법률이 없을 때 연구 활동을 통해 정책제안을 하는 활동들이다. 단체별로 매해마다 다양한 정책건의 등이 이루어졌다.

 마지막으로 단체간의 연대활동이다. 소비자단체간 활동을 함께하며 교류하고 타 단체의 조직이나 운영등 활동내용에 교훈을 얻을 수 있다. 또는 연대활동은 광범위한 소비자의 다양한 요구를 집약할 수 있다. 대표적으로 아직까지 해결되지 못한 가습기 살균제연대 단체가 서울을 중심으로 진행하고 있으며 지역별로는 사안에 따라 연대하고 있다.

4. 소비자단체 조직구성

　　　　　　　　　　　시민사회단체를 운영하려면 다양한 구성요소가 필요하다. 이는 작은 기업을 창업할 때도 준비하는 사항이다. 먼저 어떤 일을 해야 할지 단체의 목표는 정확해야 하고 다음엔 그 일을 함께 할 사람이 필요하다. 대부분이 사단법인으로 꾸려가기 위해서는 대표나 회장이 필요하고 다음이 이사진이다. 또한 일반회원도 필요하다. 때에 따라선 자원봉사자도, 일정한 금액을 후원하는 후원자도 필요하다. 특히 소비자단체에서는 다양한 소비자 문제에 자문이나 법률적인 검토를 해줄 전문가도 있어야 한다. 실제 상근을 하면서 일할 활동가를 구하기는 인건비 때문에 어렵다. 최근에 지역에서 활동할 시민단체 상근자를 구하기가 어렵다는 하소연을 많이 접하게 된다.

　다행히 우리 단체는 소비자학 출신과 소비자상담사 자격증을 소지한 사람이 활동가로 일하고 있다. 그렇다고 소비자단체 상근자나 모니터활동가들이 대학에서 소비자학을 전공한 것만은 아니다. 전공을 살려 소비자 운동과 시민사회 운동에 관심있는 사람들이 활동가로 일하면서 해당분야의 전문성을 키우기 위해 소비자학을 전공하는 경우를 자주 볼 수 있다.

　이왕 대학에서 소비자학을 전공한 학생들이 전공을 살려 기업체 소비자상담실이나 마케팅부서, 소비자단체와 자치단체 담당공무원, 한국소비자원이나 공정거래위원회, 금융감독원 등 취업이 가능한 기관들이다. 전공이나 소비자상담 자격증 제도는 2장을 살펴보시길 바란다.

5. 함께한 활동가들

김영민 교수는 "아침에는 공동체와 나의 죽음을 생각하는 것이 좋다."고 썼다. 평소에 좋아하는 MBC 김민식 PD는 노조 투쟁과정에서 직장동료들이 파면 또는 부당한 대우로 회사를 떠나는 것은 자신이 처한 공동체가 죽어간다는 느낌이 든다고 하였다. 나 역시 우리단체의 구성원인 직원들, 임원들, 회원들의 공동체가 건강한 상태로 소통하고 활동하는 것이 결국 지역사회와 국가와 세계의 공동체를 위하는 일이라고 생각한다.

특히 필자는 일복도 많고, 인복도 많다. 그중에 31년 세월을 함께한 유미옥 사무처장은 때론 동생처럼, 어느 땐 언니처럼 긴 세월을 함께하고 있다. 그녀는 특히 세무회계와 행정업무에 뛰어나 사업비 관리에서 소비자문제 분석까지 즐겁게 함께 일해 온 동지이다.

또다른 동지는 17년 전 원광대학교에 겸임교수로 소비자학 관련 강의를 다녔을 때의 인연이다. 맨 앞줄에 앉아 가장 즐겁게 공부한 친구 중에 박민정, 박서희 부장은 그때 인연으로 대학졸업 후 지금까지 함께 일하고 있는 인연들이다. 전국에서 유일한 '어린이소비자교육체험관'을 운영하면서 소비자교육은 어린이청소년교육이 우선이라는 생각으로 1년이면 전국의 2천여 명의 소비자를 교육시키는 교육전문가들이다. 이후 편입된 이선미부장과 전정현 간사, 그리고 오랜 세월 동료로 함께하며 20여 년 근무 후 이제는 봉사자로 출근하시는 조영희 이사님은 지란지교 같은 동료들이다.

소비자전문모니터가 있어서 가능한 일들

20여 년 전 어느 봄날 오후, 삼단 같은 긴머리를 한 30대 여성이 빼꼼히 사무실 문을 열면서 들어섰다. 아이가 이제 초등학교에 들어갔으니 봉사를 하고 싶다며 오셨다.

예산이 많지 않아 직원 3명이 근무하던 시기로 봉사하겠다며 스스로 찾아온 김형순 선생님이 너무 감사하였다.

물가조사에서 세탁소 요금 조사까지 어느 때는 쓰레기 성상별 조사를 위해 종량제봉투를 훔치다시피 수거하고 작은 저울에 쓰레기 성상별 용량을 체크하며 환경문제를 제기하는 그녀의 끈질긴 노력이 있어 전주시가 음식물종량제 정착, 한옥마을 쓰레기분류시스템 정착, 착한가게 인증 기초조사 등 모두 그녀와 함께한 20여 명의 모니터들이 있어 가능하였다.

단체마다 실무자 외에 다양한 형태의 자원봉사자들이 함께한다. 전문직에 종사하며 재능 기부 해주는 자문위원과 단체 운영에 참여하는 운영위원 그리고 우리 단체에 가장 핵심적인 역할을 하는 모니터요원들이 있다. 20~30여 년 전만 하여도 40~50대 전업주부들이 주로 모니터활동을 진행하였다. 이종혜 논문에 의하면(2001, 서울대 박사) 모니터로 참여 동기는 보상적 동기와 관계적 동기, 대의적 동기로 구분하였다. 보상적 동기는 개인적 욕구를 충족하기 위한 참가를 말한다. 즉, 소비자가 갖고 있는 지식 및 기술의 활용, 소비자정보나 교육기회의 제공, 새로운 경험을 위해 참여하는 동기이다.

관계적 동기는 다른 사람들과의 상호작용에 의한 참여로 모니터단 활동을 통해 대인관계를 넓히고 가족과 친구의 관심과 지지를 받아 소속감을 얻고자 하는 동기를 말한다.

대의적 동기는 자신의 참여가 소비자주권이나 경제 정의실현, 지역사회발전에 도움을 준다는 생각에 참여하고 있다. 이러한 동기로 참여한 모니터 후보자들은 일정기간 교육과 상담훈련이 있어야 가능하다. 또한 단체별로 모니터단이 형성되면 이들이 다양한 조사에 참여할 수 있도록 사업개발과 단체회원으로서의 자부심을 줄 수 있는 과정들이 필요하다.

현재 우리 단체는 유유순 지회장과 13개 전북 시·군의 지부장, 20명의 이사와 매월 후원금을 보내주시는 약 200명의 회원, 22명의 실무자, 13개 시·군에서 활동하는 회원들 약 1,700여 명이 전북지역에서 여성·소비자운동을 위해 지원·활동하고 있다.

전문가로는 10명의 의료진들과 20여 년간 매주 월요일 오전마다 무료법률상담으로 봉사하는 장석재 변호사, 이동현 변호사, 서정근 실장이 있다.

또, 우리 단체는 전문소비자모니터는 전주지역 대형마트와 전통시장 등 10곳을 매주 물가조사를 진행하고 1주일 평균 1일 상근상담과 조사활동 등을 하고 있다. 강의가 가능한 모니터들은 강사교육을 통해 초·중·고등학교와 노인·다문화·장애인 대상 소비자교육강사로도 활동한다. 1주일의 3일 정도는 소비자관련 활동을 하고 있는 좋은 도반이고 후원자들이다.

8시 40분에 미팅해요

우리 단체의 전통 중 하나는 오전 근무 전 이루어지는 직원 전체 미팅이다. 대학을 막 졸업하고 소비자운동가의 길을 걷기 시작했던 후배들이 결혼을 하고, 아이를 낳고, 그 아이들이 대학을 졸업할 나이가 되었으니 참 오랜 시간 함께한 인연들이다. 대부분 워킹맘들이 그러하듯이 아침에 자녀를 유치원과 학교에 보내고 출근하기에는 시간 부족으로 아침식사를 하고 출근하기란 쉽지가 않다. 특히 우리 단체는 대부분 상담을 진행하는 입장에서 점심 전까지는 오랜 시간 대화를 나누어야 하니 업무시작 전 차 한잔과 빵, 과일, 김밥 등으로 아침을 대신하면서 중요한 업무를 공유한다. 그 시간을 통해 서로 소통하며 생일이나 수상을 축하하고, 서로 응원하기에 아침시간은 기다려지는 시간이다.

직원 중 아이들이 성장하여 아침이 덜 바쁜 사람들이 주로 아침간식과 커피를 준비한다. 때론 사업 마무리 후에는 평가 시간을 자연스럽게 갖고 피드백을 통해 좀 더 발전적인 프로그램이 될 수 있도록 조율하는 시간이 되기도 한다.

우린 기업체처럼 BSC 평가나 수행평가는 할 수 없다. 또한 그 평가를 통해서 진급이나 인건비에 영향을 주는 시스템은 아니다. 그러나 단체 활동 프로그램은 대부분 함께 활동하여야 하기 때문에 소통이 우선이다. 특히 토요일이나 일요일 진행하는 청소년프로그램은 각자 사정에 맞게 시간을 조절하여 진행하고 있고, 단체에서 조사나 관심 있는 분야의 사업은 공유를 하여야 외부와의 소통도 잘 진행될 수 있다.

사무실 운영비는요?

단체를 운영하기 위해서는 일상적인 경비는 인건비, 운영비까지 다양하게 지출된다. 단체의 활동 목적에 따라 다르지만 우리 단체는 회원들의 후원금이 약 30%, 프로젝트사업 공모 약 20%, 전국소비자단체 공동사업이 약 10%, 전북도나 전주시의 소비자상담사 인건비나 조사활동 지원금이 약 40% 정도다. 운영비 중 가장 부담스러운 항목은 인건비와 전화·전기요금이다.

1980년대 시민단체·여성단체 활동가나 자원봉사자들은 교통비 정도로 만족할 수도 있었다. 하지만 지금은 최저임금제에 맞추어 지급하여야 한다. 또한 우리 단체는 5개의 전화회선을 가지고 있고 3층의 사무실을 운영하다 보니 겨울과 여름철에 전기요금은 70~80만 원대로 부담이 커, 에너지 절약을 실천하다 보면 한겨울엔 내복이 필수이고 어느 땐 발에 동상이 걸릴 정도다.

전주 지역에는 몇 개의 단체들은 지원금도 없이 회원 회비로만 운영됨을 소식지 등을 통해 자랑스럽게 말하는데 무척 부럽다. 회원 회비만으로 월별 1천만 원씩 후원금을 받기 위해서는 한달 회비 1만원씩 내는 회원이 1천명은 되어야 한다. 사정에 따라서는 한 달 십만 원 또는 그보다 더 큰 금액의 후원자가 있을 수 있다. 우리 단체의 경우약 250여 명의 후원자가 있으며 대부분 주부들이 콩나물 값을 아껴 후원하는 금액이며, 기업의 후원금은 소비자단체이기 때문에 조심스러워 특별한 행사나 소식지 광고가 아닌 이상은 받지 않고 있다.

한동안 시민사회단체에서 후원금 모집에 대한 교육도 진행되었다. 연말에 소득공제부터 후원자 확보행사 준비하기 등 다양한 행사가 있지만 가장 어려운 분야가 후원금 모집하기이다.

미국의 소비자연맹의 경우 정부지원은 전혀 없으며 소비자 잡지 구독료와 회비로 운영된다고 하지만, 우리 현실은 잡지와 회비만으로 1년 6천여 건의 소비자상담을 처리하는 데 필요한 인건비와 전화요금부담 등을 감당하기에는 어려운 실정이다. 또한 재정은 단체 활동을 가늠할 수 있는 중요한 척도로 조직의 확대, 상근인원의 증가 정책제안을 위한 공청회개최, 자료작성 등 경비가 많이 필요한 실정이다.

주어진 예산만큼만 업무추진을 한다면 쉽게 갈 수도 있다. 간혹 운영비 마련으로 프로젝트 사업에 에너지를 쏟다 보면 진짜 하여야 할 일을 놓치는 경우가 있다. 소비자상담을 통해 소비자문제를 예방하고 지역사회 소비자문제에 신속하게 대응하며 다양한 활동을 하는 것이 우리 단체의 목적이라면, 그 목적을 달성하기 위해 어쩔 수 없이 프로젝트 사업도 수행하여야 하는 현실이 동전의 양면처럼 가끔은 고민이 되기도 한다.

시민 없는 시민단체라는 이야기도 있다. 이는 단체의 노력도 필요하지만 무임승차하지 않는 마음으로 십시일반 단체에 후원하는 사회적 분위기도 필요하다.

6. 사옥을 마련하다
견학장소가 되다

일하기 위해선 공간이 필요하다. 요즘은 공유공간의 개념으로 하나의 공간을 나누어 함께 사용하는 공유공간이라는 트렌드가 활성화되어가고 있다. 시민사회운동이 주제에 따라서는 평생을 역사와 함께 하는 단체도 있으며 이슈나 시대에 따라 뭉쳤다가 소기의 목적을 달성하면 해산되는 단체도 많다. 그러나 소비자운동은 기본적으로 소비자들이 방문이나 전화 상담을 통하여 적잖은 시간에 상담이 이루어지고 있어 사무실형태의 공간이 필요하다.

우리 단체는 1983년도 전주에서 4평의 옥탑방에서 출발하였지만 2005년도 3월 지금의 사옥을 마련하게 되면서 후배 활동가들과 함께 쾌적한 공간에서 활동하고 있다. 서민들의 내 집 마련 꿈에는 다양한 눈물 젖는 사연들이 존재한다. 하물며 개인 집도 아닌 단체의 건물 마련은 쉬운 일이 아니다. 현재의 사옥이 없던 시절, 서울이나 큰 단체에 교육이나 행사 차 방문하게 되면 나도 모르게 강당이나 사무실의 벽을 만져 보고 심지어 화장실 변기까지 그렇게 부러울 수가 없었다.

종잣돈 십만 원이 이룬 꿈

단체마다 임원인 회장님과 이사진 그리고 실무자들이 있다. 실무자들 대부분은 대학에서 소비자학을 전공하거나 우연히 소비자전문모니터로 자원봉사 활동을 하다가 작은 인건비도 감수하면서 상근을 시작하는 직원들이다. 우리 단체의 전문소비자모니터단은 전북지역에서 다양한 조사활동을 통해 전문성을 인정받고 있다. 예를 들어 공기관 직원 친절도 조사나 백화점 식품관 모니터링, 은행친절모니터링, 물가와 원산지표시조사, 교통문화지수 평가 등 다양한 일들을 20여 명의 모니터단이 진행하고 있다. 이는 실무자는 한정되어 있다 보니 소비자권익 의식이 높은 모니터단들이 조사와 함께 소비자상담 봉사도 하고 있으니 단체로서는 든든한 우군들이다. 그중에 한분이 '소숙자' 선생님이시다. 지금은 고인이 되셨다. 이분은 우리가 5번씩이나 이사를 하는 게 고생스러워 보이고 안타까웠는지 25년 전 10만 원의 후원금을 주셨고, 그게 사옥 건설의 종잣돈이 되었다.

처음 옥상 4평 가건물에서 전주 이시계점 앞과 전주우체국 앞, 전북예술회관 앞 등으로 이사를 다녔다. 전주우체국 앞 4층 건물은 오랫동안 건물이 나가지 않아 저렴한 임대료에 이사를 갔지만 겨울에는 수도와 화장실이 꽁꽁 얼어 건너편 우체국화장실로 다니며 물을 길어 나르는 게 일상이었다. 그래도 당시 우체국장께서 회의실이나 강당을 무료로 사용할 수 있도록 해주셔서 그나마 직원들이 토론회 및 간담회 등과 같은 업무를 추진할 수 있었다.

예술회관 건너편 3층 건물로 이사를 갔을 때의 일이다. 이른 아침 출근하여 문을 열자, 도둑이 현관문 창살을 뜯고 들어왔는지 벽면에 혈흔이 묻은 목장갑 자국을 발견하였고, 놀란 마음에 정신없이 112에 신고했지만 결국 범인은 잡지 못했다.

당시 문을 열고 들어섰던 사무실은 뉴스에서나 볼 수 있었던 모습 그대로였다. 사무실은 난장판이 되었고 소비자 고발 품목인 카메라에서 녹음기까지, 잔돈 몇 푼까지 없어진 상황이었다. 심지어 고발품으로 접수돼 냉장고에 보관 중이던 음료수까지 온통 헤쳐 놓은 상태였고, 그때를 생각하면 지금도 무서워 출근길 문을 열 때마다 트라우마가 있다. 사건 이후 현관문을 철판으로 튼튼하게 하였지만 다시 후문 쪽에 문을 뜯고 들어오는 사건이 재발되어 결국 이사를 할 수밖에 없었다.

그러면서 틈틈이 더 이상 이사 다니지 말고 일할 수 있는 공간을 회원 모두 꿈꾸기 시작했다. 그때 처음 소숙자 모니터선생님이 10만 원을 후원하셨다. 10만 원 종잣돈을 출발로, 우린 6년 동안 회원의 밤 행사를 진행했다. 한 달 전부터 장소를 마련하고 회원 안내장과 티켓을 만들고 이사진과 회원들을 대상으로 사돈네 팔촌까지 주위 사람들에게 후원의 밤에 오시길 안내하였다.

당시 음식 명인으로 손꼽히던 유유순 이사는 전체행사를 진두지휘하였다. 그 많은 김밥과 파전, 믹스커피는 평생 만들만큼 준비했던 것 같다. 매년 메뉴를 다르게 준비하는 과정에서 회원의 밤은 후원금이 목적이지만 회원 모두의 단합 행사였다.

연세가 드신 전직 회장님들은 자리에 앉아 딸, 아들, 며느리, 사위까지 저녁 식사를 대접하고 회비를 내게끔 유도하고, 지역시민단체까지 함께 후원한 자리였다. 행사 마치면 그 많은 그릇들을 그릇집에 다시 돌려줘야 한다. 지금처럼 1회용을 사용하지 않고 세척 후에 다음날 그릇집에 갈 때는 다리가 퉁퉁 붓고 손마디가 아파 모두들 파스로 온몸을 도배할 정도였다. 당시 그 일을 했던 사람들은 유유순 회장과 필자 그리고 조영희 이사와 유미옥 사무처장이다. 그때의 수고가 있어 더 이상 이사 가지 않고, 임대료 걱정 없이 소비자운동을 할 수 있는

준공식 사진 (2005. 3. 17.)

환경이 마련되었다고 할 수 있다.

　이후 유유순 회장의 통 큰 천만 원 성금과 이사들의 백만 원씩의 후원금, 그리고 실무자들도 백만 원, 오십만씩 적금을 들어 후원금을 내기 시작했다. 결국 사무실 마련 운동을 추진한 지 6년만에 10만 원 종잣돈이 2억 6천5백만 원으로 불어나 지금의 사옥인 전룡4길 8(서신동 894-1) 땅을 매입하게 되었다.

　이후 전라북도와 전주시, 그리고 당시 지역구 의원이시던 장영달 전)국회의원의 특별 교부세 등으로 1층을 올리고, 돈이 되면 2층 올리고, 다시 3층 올려 대지 382.4㎡(115평), 연면적 669㎡(202평), 건축면적 227.4㎡(68평) 3층 건물이 마련되었다.

　드디어 2005년 3월 전북소비자정보센터 사옥을 준공하였다.

　개소식 날은 퇴근을 할 수 없었다. 어린아이처럼 혹여나 사무실을 누군가 통째로 들어갈까 불안했다. 모두들 그럴 일은 없을까라고 했고 지금까지 도둑도, 겨울에 물이 어는 일도, 화장실을 원정 가야 하는 일도 없이 순조롭게 운영되고 있어 감사할 따름이다.

  가끔은 다른 지역 소비자단체가 견학을 오기도 한다. 사옥마련까지의 노하우를 알고 싶고, 전국 유일의 '소비자교육체험관' 견학을 위해서다.

7. 어디까지가 소비자운동인가?

　　　　　　　　　　소비자단체의 주요업무는 소비자상담이다. 소비자상담은 예방차원보다 소비자피해 발생 후 해결을 원하는 중재요청이 많다. 초창기 소비자상담 품목을 보면 1순위는 가전제품이었다. 냉장고와 세탁기, TV 불량에 대한 불만이었다. 그러나 2020년 1순위는 인터넷쇼핑몰을 이용한 의류·섬유제품이고, 2위는 코로나-19의 영향으로 예식장·각종행사·외식서비스, 3위는 문화·오락서비스(여행,숙박,헬스 등) 순이다.(2021년 소비자상담 동향 분석 보도자료/전북소비자정보센터)

　상담별로 보면 계약해제·해지/위약금(25.7%)이 가장 많고 다음이 계약불이행(18.7%), 품질 (14.6%), 상담문의 및 정보요청(11.0%)순이다. 결국 소비자들이 유·무형의 상품이나 서비스 구매 계약 내용을 꼼꼼히 살펴보고 표시내용에 대한 이해가 있어야 한다. 방문판매나 전화권유에 따른 청약철회나 신용카드 결제 취소하는 방법 등에 대해 학교에서 교육이 가능하다면 성인이 되었을 때 피해예방이 가능할 것이라는 생각에 전국에서 유일하게 '소비자교육체험관'을 만들어 소비자교육을 진행하고 있으며, 매월 4째주 토요일에는 청소년 경제교실 프로그램도 운영하고 있다.

소비자교육체험관은 4개 영역으로 나누어 소비자문제가 딱딱하고 어려운 분야가 아닌 손으로 체험물을 만져보고 소비자 8대 권리를 시설장비를 통해 느껴보는 체
험공간이다. 1영역은 시장경제의 이해이다. 어릴 때부터 시장의 흐름과 소비과정을 알 수 있으며, 2영역에서는 합리적인 구매와 사용이다. 아이들 눈높이에서 식품이나 공산품 구입 표시사항을 배우는 공간이며 3영역에서는 소비자로서 권리와 책임을 알 수 있다. 또 4영역에서는 지속가능한 환경과 소비자 문제를 게임을 통해 경험할 수 있는 공간으로 설계되었다. 매년 관람객은 2천여 명으로 방문 교육생에 맞추어 인형극을 통한 교육까지도 진행하고 있다.

전국에서 시민사회단체 보도 자료를 가장 많이 활용하는 단체가 있습니다

오래 전이다. 모 대학 신문방송학과 교수께서 학회에서 우리 단체를 언론활용을 잘하는 단체 사례로 활용했다며 칭찬해 주시는 일이 있었다. 최근에는 뉴스만이 아니라 유튜브를 통해서도 소비자문제가 주제가 되고, 소비자TV에서부터 소비자신문 등 다양한 매체가 있다. 소비자문제를 알리고 정보를 제공하기에는 언론사를 활용하는 방법이 중요하다. 한동안 거의 일주일에 한 번씩 소비자관련 보도 자료를 배포하였다. 직원들에게는 헤드라인인 제목을 선택하고 보도 자료를 작성하는 방법을 전문가를 초청하여 교육을 진행하였다. 또한 지역에 공중파방송 중 라디오는 거의 매주 시간대별로 방송에 필자부터 직원들까지 연사로 나가 방송을 하였고, 진행도 하였다.

　한동안은 전주MBC 라디오 '손석희 시선집중'을 '김보금의 시선집중' 로컬방송으로 필자가 3부, 4부를 진행한 적도 있다. 이후 20여 년 동안 지역 주요 이슈에 방송 출연을 하다 보니 택시기사님들은 목소리만 듣고도 필자를 알아보시고, 지역에 쫄스타가 되기까지 했다. 지금은 다른 직원들이 방송사별로 상담방송에 출연하고 있다.

　여하튼 시민사회단체가 광고비가 따로 없는 상황에서 긴급하게 다뤄야할 문제에 대해 보도자료 및 성명서 발표 등 언론 보도 활용이 필요하다. 특별히 소비자피해를 예방하는 방법 중 하나는 신속하게 소비자정보를 제공하는 방법이 있다. 지역은 아직도 언론보도를 활용한 정보제공이 빠르다. 단체 홈페이지나 페이스북도 있지만 2주에 1회 꼴로는 계속해서 보도 자료를 발송하고 있으니 일부 출입처 기자들은 우리 단체 보도 자료가 얼마나 도움이 될까?

전국 소비자단체 전화번호

서울특별시(02)

녹색소비자연대	3273-4998
소비자공익네트워크	3142-5858
소비자교육원	579-0603, 577-9977
소비자시민모임	720-9898
소비자시민모임 서울지부	454-3243
한국소비자연맹	795-1042
한국여성소비자연합	752-4227
소비자교육중앙회	2273-2485
한국부인회총본부	322-1378, 332-1372
YWCA	3705-6060~1
YMCA	754-7891

부산광역시 (051)

녹색소비자연대	441-9895
소비자공익네트워크	864-3388
한국소비자연맹	806-6931
한국여성소비자연합	802-8686
소비자교육중앙회	469-9898
한국부인회	469-1371, 441-1371
YWCA	441-2221~5

대구광역시 (053)

녹색소비자연대	983-9798
한국소비자연맹	650-7041
소비자교육중앙회	424-7262
YWCA	255-0218
YWCA	652-0070
한국부인회 대구시지부	743-1376

인천광역시 (032)

녹색소비자연대	421-6112
소비자공익네트워크	504-1372
소비자교육원	433-5540
한국소비자연맹	434-4123~4
한국여성소비자연합	215-0814
YWCA	424-0524

광주광역시 (062)

녹색소비자연대	521-9895
한국소비자연맹	385-5060
소비자공익네트워크	382-9882
소비자교육원	682-8217
소비자시민모임	526-9898
한국여성소비자연합	381-4687
소비자교육중앙회	232-0643
YWCA	609-1308

대전광역시 (042)

녹색소비자연대	254-9895~6
소비자공익네트워크	482-7002
소비자교육원	482-6114
소비자시민모임	222-4999
한국소비자연맹	863-9984
소비자교육중앙회	535-4480
YWCA	254-3035

세종특별자치시 (044)

한국여성소비자연합	866-8253
YWCA	865-2432

울산광역시 (052)

소비자공익네트워크	260-0032
소비자교육중앙회	248-5858
YWCA	247-3520~2

경기도 (031)

고양	녹색소비자연대	912-6641
	소비자시민모임	974-1316
	한국여성소비자연합	919-6080
	소비자교육중앙회	965-5858
	YWCA	919-4040
과천	소비자교육중앙회	(02)504-9898
광명	YWCA	(02)895-1966
김포	소비자시민모임	996-9898
남양주	소비자교육중앙회	592-4979
	YWCA	577-7762(4)
부천	한국부인회	674-1372, 673-1372
	YWCA	(032)668-9700
성남	녹색소비자연대	704-7563
	소비자시민모임	756-9898
	YWCA	701-2503
수원	한국여성소비자연합	248-0661
	녹색소비자연대	247-7102
	소비자교육중앙회	246-4848
	YWCA	252-5111~4
안산	녹색소비자연대	485-1199
	소비자시민모임	482-9898
	한국여성소비자연합	411-9898
	YWCA	483-6536
	YMCA	410-3570
안성	소비자교육중앙회	673-9898
안양	한국부인회	383-0356
	YWCA	455-2700
여주	소비자교육중앙회	883-9898

경기도 (031)

지역	단체	전화
오산	소비자교육중앙회	375-9898
용인	YMCA	265-7676
의정부	한국소비자연맹	877-6112
	소비자공익네트워크	837-13723
	YWCA	853-6332
이천	소비자교육중앙회	637-9898
	YMCA	638-9898
파주	한국여성소비자연합	944-4920
평택	녹색소비자연대	654-4998
	YWCA	651-7701
하남	소비자교육원	796-1223
	소비자교육중앙회	793-8808
	한국여성소비자연합	793-8902
	YWCA	793-7771
화성	한국여성소비자연합	8059-6025

강원도 (033)

강릉	한국여성소비자연합	645-9098
	YWCA	651-1385
동해	YWCA	532-6070
속초	YWCA	635-8663
원주	녹색소비자연대	742-1414
	소비자시민모임	748-3277
	YWCA	742-6090
춘천	한국소비자연맹	242-9898
	YWCA	254-4878

충청북도 (043)

단양	한국여성소비자연합	423-9898
제천	한국여성소비자연합	642-9898
	YWCA	646-6009
증평	한국여성소비자연합	838-9898
진천	한국여성소비자연합	533-9848
청주	한국여성소비자연합	252-9898
	녹색소비자연대	043-221-7877
	소비자교육중앙회	252-6740
	YWCA	265-3701
충주	한국여성소비자연합	852-9898
	소비자교육중앙회	851-5858
	YWCA	848-3240

충청남도 (041)

논산	소비자교육중앙회	736-9898
공주	소비자교육중앙회	854-9898
금산	한국여성소비자연합	753-9898
당진	한국여성소비자연합	352-9898
보령	소비자교육원	934-1909
	소비자교육중앙회	935-9898
부여	소비자교육중앙회	836-9898
서산	소비자교육중앙회	664-9898
서천	소비자교육중앙회	953-9895
	YWCA	951-6400
아산	한국여성소비자연합	541-9898
예산	소비자교육중앙회	335-3456
천안	녹색소비자연대	578-9898
	소비자공익네트워크	553-1372
	소비자시민모임	553-8399
	소비자교육중앙회	556-9898
	YWCA	575-0961
태안	소비자교육중앙회	675-9898
홍성	소비자교육중앙회	634-9898

전라북도 (063)

고창	한국여성소비자연합	564-3131
군산	한국여성소비자연합	442-2038
	소비자교육중앙회	462-7778
김제	한국여성소비자연합	548-9898
남원	YWCA	632-7002
무주	한국여성소비자연합	324-9898
부안	한국여성소비자연합	584-0500
순창	한국여성소비자연합	652-4848
완주	한국여성소비자연합	261-9898
익산	한국여성소비자연합	853-1941
임실	한국여성소비자연합	643-9898
장수	한국여성소비자연합	351-9898
전주	한국여성소비자연합	282-9898
	소비자교육중앙회	272-4400
	YWCA	224-5501~2
정읍	한국여성소비자연합	533-3368
진안	한국여성소비자연합	432-1222

전라남도 (061)

나주	소비자교육중앙회	333-9898
광양	YWCA	762-0012
목포	한국소비자연맹	274-9901~2
	YWCA	242-1611~2
순천	한국여성소비자연합	743-0050
	한국부인회	741-1371
	YWCA	744-7990
여수	한국부인회	686-1372
	YMCA	642-0001
	YWCA	654-2161

경상북도 (054)

지역	단체	전화
경산	소비자공익네트워크	851-5858
경주	YWCA	772-8141
구미	소비자교육중앙회	453-9898
군위	소비자교육중앙회	383-9893
영천	소비자교육중앙회	335-9898
포항	녹색소비자연대	253-2227
	YWCA	274-4444
안동	YWCA	854-5481~3
	소비자교육중앙회	857-8568

경상남도 (055)

거제	YWCA	682-4950
김해	YMCA	328-3303
	YWCA	332-6000
마산	YMCA	251-4837
	YWCA	246-8746
사천	YWCA	833-9981
양산	한국여성소비자연합	382-058
	YWCA	367-1144
진주	YWCA	755-3465
진해	YWCA	542-0020
창원	YMCA	266-8680
	YWCA	283-9488
	소비자교육중앙회	244-9898
통영	YWCA	641-2537

제주도 (064)

지역	단체	전화
서귀포	YWCA	762-1400
제주	녹색소비자연대	723-7818
	소비자교육중앙회	743-8058
	한국부인회	713-1372
	YWCA	711-8322

출처: 한국소비자단체협의회 홈페이지/2021년 7월)

제2장

소비자상담 현장에서 "피해 사례"

제2장
소비자상담 현장에서 "피해 사례"

"법은 의심만 가지고 벌하지 않습니다. 하지만 소비자는 의심이 나면 사지 말고,
의심스러우면 먹지 말아야 합니다. 그것이 소비자가 해야 할 일이며 진리입니다."

– 정광모(소비자, 생각을 깨우다)

사무실이 5층일 때의 일이다. 40대 남자분이 세탁기를 어깨에 들쳐 메고 땀을 비 오듯 흘리며 올라오셨다. 서비스센터에 연락하면 될 일을 무거운 세탁기를 가지고 왔을 때는 분명 엄청나게 속상한 일이 있을 거라 짐작을 하였다. 세탁기는 세탁과 건조가 나누어진 세탁기로 필자도 사용하고 있었다. 소비자들이 집안일과 청소를 할 때는 대부분 고무장갑을 끼고 있어 좀 용감해진다. 지저분한 음식물쓰레기도 오물이 묻은 현관바닥도 거침없이 닦아낼 수 있다. 특히 문제의 세탁기는 세탁이 다 되었다는 신호음이 울리면 뚜껑을 열고 탈수칸에 옮기고 다시 탈수시간을 맞춘다. 평균 5분이 소요되는 탈수 시간도 주부들은 마음이 바쁘면 탈수 통이 멈추기도 전에 뚜껑을 열었고, 고무장갑 낀 손이 탈수기

에 빨려들어가는 사건이 있었다. 이로 인해 손가락이 절단된 사건이었다.

　서울의 종합병원 정형외과 의사는 탈수기로 인해 손가락을 다치는 유사한 사건이 반복되자 한국소비자연맹에 연락을 하였다. 소비자단체가 세탁기 제조업체와 함께 탈수과정에 대한 실험테스트를 진행했고 그 결과 탈수기 덮개를 열었을 때 손가락을 다칠 수 있다는 결론을 내렸다. 이후 탈수시간을 5분 세팅했지만 시간이 없어 단 2분 만에 덮개를 열어도 요란한 소리와 함께 멈춰버리는 센서기능이 장착되었고, 안전사고를 줄일 수 있었다. 특히 안전과 관련된 소비자불만은 더욱 관심 있게 살펴보고 있다.

　소비자가 물건이나 서비스를 구입할 때, 제품을 사용하는 과정에서 문제가 발생될 때, 물품 정보가 필요할 때 경찰서도 시청도 아닌 소비자단체의 소비자고발창구를 찾는다.

　오히려 사례에 따라서는 경찰서에서 우리 쪽에 보내는 경우도 많다.

　소비자단체의 활동은 다양하지만 그중에 첫 번째는 소비자고발접수 처리이다. 처음 전주에서도 소비자상담창구를 개설했을 때 아무리 문제가 있어도 옆집 장사하는 사람을 고발할 수 있냐며 특히 양반의 도시 전주에서는 한 달 고발건이 10여 건에 불과했다. 사실 "고발"이라는 단어는 부당한 문제를 제기하는 당당한 의식보다는 일본 식민지 시절 무고한 양민을 고발하던 생각이 떠올라 고발이라는 단어가 왠지 정정당당하지 않았다. 그러니 처음엔 ○○○단체 소비자고발센터라는 입간판을 달았지만 세월이 흘러 이제는 고발 목적보다는 정보요청이나 소비자정책에 대한 의견 개진도 많아져 우리 단체는 2005년도 현재 사옥으로 이전하면서 '소비자고발센터'에서 '소비자정보센터'로 변경하였다. 또한 지역별로 단체 번호를 이용하여 소비자불만 접수를 받았지만 전국소비자단체와 자치단체 그리고 공정거래위원회 소속의 한국소비자원 등이 모여 '1372'

라는 통합 콜번호로 전국에서 소비자상담을 받고 있다.

필자는 1984년도부터 소비자상담을 받기 시작하여 어연 30년 세월이 흘렀다.

상담현장에서 계속되는 의구심은 기업과 경제는 21세기를 살고 있지만 소비자의 권리실현은 아직도 20세기에 머물러 있다는 느낌이다. 초창기엔 우리 소비자상담건인지, 경찰서에 사기죄로 접수해야 하는 건인지 애매한 사례들이 많았다. 이는 새로운 산업에서 파생되는 다양한 상품과 서비스에 대한 정보부족과 안전성의 문제, 예방위주의 소비자보호가 아닌 아직도 인간관계의 논리 속에서 선(先)조사, 후(後)보상 원칙에 따라 소비자들이 필요한 보호를 즉시 받지 못하고 있는 상황이다[1]

특히 80년대에는 가전제품고발이 가장 많았고 1990년대에는 다단계 판매가 2000년대에는 이동통신으로 2010년에 접어들면서는 인터넷쇼핑몰과 보이스피싱을 2020년 최근 들어서는 코로나19처럼 천재지변이나 재난과 관련된 여행, 예식취소, 마스크 판매 방법 등의 문제였다.

우리 전북에서는 연 3만여 건의 소비자불만 접수처리 과정에서 다양한 사례들이 접수되는데 이중 반복적이고 소비자들에게 관련규정과 정보를 제공하여 피해를 줄였으면 한다.

소비자상담을 받는 소비자 운동가들의 자질을 고)정광모 회장께서는 네 가지로 꼽았다.

첫째, 사물을 정확하게 파악할 수 있는 관찰력

---

1) 한국소비자단체협의회, 소비자분쟁조정사례집, 2019.

둘째, 문제를 제기하고 이끌어갈 수 있는 추진력

셋째, 도출한 결론을 사회에 공개할 수 있는 용기

넷째, 기업을 설득할 수 있는 과학적 증거와 정연한 논리, 이것이 곧 행동하는 소비자의 요건이라고 했다.[2]

---

2) 한국소비자연맹, 소비자, 생각을 깨우다 행동을 이끌다, 2020.1, p85.

사건 1) 투어라이프 상조회 피해소비자 7천여 명 60억 원 보상처리

9988234를 아시나요?

김 할아버지는 올해 89세이다. 마음은 웬만한 청년들과 팔씨름에도 이길 것 같지만 이제는 큰병 없이 잠자듯이 죽어가는 게 소망이다. 5남매를 키웠지만 지극정성으로 부모를 챙기는 자식은 둘째 딸로, 출가한 그 딸에게 피해를 주고 싶지 않은 마음이다.

노년에 바람 중 하나는 아프지 않고 삶을 마감하는 것이다. 그래서 노인들이 모여 9988234을 외치고 심지어 노래도 있다. 결국 99세까지 팔팔하게 살다가 이삼 일 아프다 4일째 죽는 것이 자식들에게 부담을 주지 않는다고 한다. 이는 병치레에 대한 아픔도 있지만 사실은 자식들에게 경제적인 부담을 덜 주고 싶은 마음이다. 옛날에는 당신 장례식을 위해 종잣돈을 모아 놓기도 하고 유산에서도 자신의 장례비용에 대해 따로 준비하는 경우가 있다. 그 방법 중에 하나가 상조회 가입이다.

상조회가 현재 소비자 가입을 유도하고 있는 방식이 선불식 할부거래이다. 이는 소비자가 대금을 미리 납부하고, 서비스는 장기간 후에 제공받게 된다. 그러나 수명이 연장되면서 가입자가 정작 상조회가입 서비스를 받기가 어렵다. 장기계약이다 보니 중도 해지를 요구할 수도 있고, 그사이에 상조회사들이 폐업을 할 수 있어 소비자 피해 발생이 우려된다. 그래서 소비자를 보호하기 위해 선수금제도를 만들었다. 이에 상조회는 선불식 할부거래로 할부거래법에 의해 처리를 받을 수 있다. 상조회 선수금은 소비자 선수금의 50%를 소비자피해 보상 보험기관(은행, 공제조합)에 보전하도록 함으로써, 상조업체가 폐업하더라도 소비자가 납입한 선수금의 50%는 신속히 돌려받을 수 있도록 하고 있다.

상조회 가입 경로를 보면 지역에서 북한 예술단 등 다양한 무료공연과 무료영화를 보여주며 상조회를 설명하고 계약을 유도하는 방문판매 방법과 홈쇼핑을 통한 방법, 지인을 통한 방문판매 등이 있다. 실제 우리 단체에 접수된 상조회 불만 소비자는 대부분 어르신 본인으로 나중에 폐업이나 만기 후 환불과정에서 처리하는 절차나 폐업여부 확인이 어려워 신속히 소비자보상을 받지 못하는 경우가 있다. 결국 정보취약계층의 피해이다.

"반복되는 소비자불만 상조회사 투어라이프"

2018년 연초부터 전주가 본사인 주)투어라이프상조회사가 반복적으로 고발이 들어오기 시작하였다. 가입자만 1만여 명인 회사는 경영난으로 결국 폐업을 하고 전국에 소비자 1만여 명은 맥없이 상조회사에 전화만 여러 번 하다 결국 우리 단체에 접수하고 우리 사무실에 방문한 소비자가 7월 19일부터 9월 19일까지 2개월 만에 1,400여 명이나 된다.

투어라이프는 2017년도부터 법정관리 중이었고 기업회생신청을 한 상황이었으나 한국상조공제조합에서는 2018년 5월 기업회생 가능성이 없다고 보고 공제계약을 해지하였으며 같은 해 6월에 대법원은 기업회생을 기각 결정하였다. 결국 폐업을 선언한 것이고 피해소비자는 이미 납부한 금액에서 50%만 환불받을 수 있고, 그 역시 통장사본이나 계약서 등을 제출해야했다. 소비자는 번거로움을 무릅쓰고 전국 각지에서 7월과 8월 더운 날씨에 1,400여 명이 사무실을 방문하여 50%를 손해 보면서 환불받을 수 있었다.

상조업계 자정과 시스템개선 필요

현재 소비자권익보호 정부기관은 공정거래위원회(이하 공정위)다. 공정위에서는 상조회가 자본금 부족으로 폐업이 속출하자 할부거래법으로 상조회사의 자본금을 기존 3억 원에서 15억 원으로 증액하도록 강화하고 2019년 1월 24일까지 유예기간을 뒀다. 따라서 모든 상조회사는 기한 내에 자본금을 증액하고 관할 시·도청에 신고해야 한다. 요건을 충족하지 못할 경우 등록이 직권말소된다. 2020년 12월말 기준 등록업체는 2014년도 253개에서 77개사로 나타났다.

상조상품을 살펴보면 대부분 TV나 안마의자 등 고가의 제품을 끼워팔기를 하고 있다. 예를 들어 월 49,000원씩 100회를 납부하면 총 4,900,000원이 되며 일부 업체 혜택을 보면

1) 오동나무관 2) 수의: 대마 100% 3) 유골함: 제공 4) 차량: 운구차량-관내 무료/ 리무진,버스-왕복 300Km 5) 연대식남성, 여성복: 각 5벌/ 전통식: 직계 및 필요량 제공 6) 꽃장식: 2단(35만 원 상당)/ 꽃바구니: 2개/ 헌화용국화: 30송이 7) 의전관: 1명, 입관보조: 1명/ 장례도우미: 5명(1인 10시간) 8) 유가족 편의용품: 1세트(6인) 9) 일회용 식기세트: 300분 등이다. 물론 만기 시 납입금액 100% 환불로 되어 있다. 거의 5백만 원의 회비를 내고 장례식에서 서비스를 받았다면 다행이지만 계약금을 모두 내고도 환불도 받지 못하고 중간에 회사가 폐업이 되는 일들이 일어나기 때문에 회사의 자본금이나 선수금 보전여부를 반드시 수시로 확인해야 한다.

상조서비스 소비자 유의사항

'내상조 찾아줘' 누리집(www.mysangjo.or.kr)을 통해 상조업체의 영업 상태, 선수금 납입 내역, 선수금 보전 현황 등을 한 곳에서 쉽게 확인할 수 있다. 또한, 상조업체 폐업 시(등록 취소·말소 포함) 선수금 보전 기관에서 소비자의 주소 또는 연락처로 폐업 사실 및 소비자 피해 보상금 신청 안내문을 발송하므로, 소비자는 주소 및 연락처가 변경된 경우 상조업체에 반드시 알려야 한다.

폐업(등록 취소·말소 포함)한 상조업체 소비자는 자신이 납입한 금액의 50%를 피해 보상금으로 돌려받는 대신 기존에 가입했던 상품과 유사한 상조 상품을 제공받을 수 있는 '내상조 그대로[3]' 서비스를 이용할 수 있다.

---

3) 내상조 찾아줘(www.mysangjo.or.kr): '내상조 그대로' 서비스의 개요 및 이용 방법, 가입 가능한 상조업체 및 상품 내용 등을 확인할 수 있다. (공정위 보도자료, 2020)

사건 2) 코로나19 재난발생으로 인한 여행 등 소비자피해 잇따라

"코로나19가 왜 천재지변이 아니예요? 갑작스런 재난으로 온 세계가 전염병 때문에 난리인데, 이제 갓 돌 지난 아이를 데리고 여행을 어떻게 가냐고요? 위약금 없이 취소 해주세요."

○○ 엄마는 칠순을 맞은 친정아버지 생신을 기념하여 3박 4일 베트남 가족여행 계획을 세웠다. 만 1세 유아와 어린이를 포함한 9명 가족의 특별한 여행 계획을 세우고 들떠있던 상황이었다. 어느 날 갑자기 예상치 못한 코로나19 재난이 발생했다. 처음에는 그러다 말겠지 생각하며 사태가 진정되기를 기다렸다. 그러나 오히려 확진자가 증가하고 국외여행 후 입국한 여행자가 확진되는 등 상황이 심각해지자 ○○ 엄마는 오랫동안 계획했던 여행을 고민 끝에 출발 2주전 취소해야만 했다. 여행사에서는 계약서 상의 특별약관을 이유로 1인당 여행금액의 80%를 위약금으로 요구했다. 뒤늦게 계약서를 확인한 ○○ 엄마는 80% 위약금 조항에 당황스러울 뿐이었다.

2020년 초부터 몰아닥친 코로나바이러스감염증-19(COVID-19)로 인해 전세계가 몸살을 앓고 있는 가운데 3월 중순 기준으로 한국인 입국금지 또는 제한 국가는 150여 개국을 넘어서기까지 했다. 일시적 감염병으로 한국의 위상이 하루아침에 달라지진 않겠지만 어찌되었던 국내외 경제와 산업에 큰 타격을 받게 된 상태이다.

이러한 때, 오히려 한국인 입국금지 제한을 반기는 일부 소비자가 있었다. 그 이유는 국외여행 취소 위약금을 지불하지 않아도 되기 때문이다. 참 웃픈

일이다.

2020년 1월 20일, 최초 한국인 코로나19 확진자가 나오고 한국인 최애 휴양지인 동남아지역(태국, 베트남 등)에서도 잇따라 확진자가 나오면서 계획했던 국외여행을 취소하는 소비자들의 전화문의가 잇따랐다. 코로나19로 국외여행을 취소하는 상황에서 취소 위약금을 지불해야하는 것이 부당하다는 이유다. 현재 감염병은 천재지변으로 보지 않고 있다.

천재지변 시 위약금 없이 취소 가능

공정거래위원회고시 국외여행 표준약관[제10021호] 제12조 제1항 제2호(천재지변, 전란, 정부의 명령, 운송·숙박기관 등의 파업·휴업 등으로 여행의 목적을 달성할 수 없는 경우) 사유의 경우 손해액(위약금)을 지불하지 않고 취소할 수 있다.

공정거래위원회는 위약금 면제를 권고할 수는 있지만 여행사와 소비자간 맺은 계약에 대해 법적 근거 없이 일방적 기준을 제시하거나 강제할 수는 없는 입장이었다. 여행업계도 경제적 타격을 받고 있는 상황에서 소비자 관점에서의 지침만을 내릴 수 없어, 소비자는 국외여행 취소시 소비자분쟁해결기준[4] 에 의거해서 취소 수수료를 부담해야 했다.

그뿐 아니라 여행사와 소비자 간 체결한 특별약관이 문제였다. 소비자분쟁해결기준에 의한 취소 수수료가 아닌, 소비자와 사업자간 개별약정에 의한 취소 수수료 기준이 특별약관에 명시되어 있는 경우가 상당수였다.

개별약정의 우선

---

4) 소비자분쟁해결기준은 분쟁당사자 사이에 분쟁해결 방법에 관한 별도의 의사 표시가 없는 경우 적용되는 분쟁해결을 위한 합의 또는 권고의 기준으로 공정거래위원회가 고시함.

약관의 규제에 관한 법률 제4조(개별 약정의 우선) 약관에서 정하고 있는 사항에 관하여 사업자와 고객이 약관의 내용과 다르게 합의한 사항이 있을 때에는 그 합의 사항은 약관보다 우선한다고 명시되어 있다.

동법 제3조(약관의 작성 및 설명 의무 등)에 따라 여행사는 계약을 체결할 때 약관의 내용을 분명하게 밝히고 고객이 요구할 경우 약관의 사본을 고객에게 교부해야 한다. 또한 약관에 정해져 있는 중요한 내용을 고객이 이해할 수 있도록 설명해야 한다. 만약 사업자가 이를 위반했을 때에는 해당 약관을 계약의 내용으로 주장할 수 없다.

○○ 엄마는 계약당시 소비자분쟁해결기준보다 더 많은 위약금을 지불해야 하는 특별약관 내용을 설명 듣지 못하였으며, 계약 후 뒤늦게 서명도 되지 않은 계약서를 인도받은 사실을 확인했다. 이러한 상황을 분석할 때 업체에서 제시하는 특별약관은 계약의 내용으로 주장할 수 없다고 판단하여 80% 위약금이 아닌 소비자분쟁해결기준에 의한 15% 위약금을 지불하고 여행을 취소할 수 있었다.

재난시 우리사회의 부족한 소비자보호 시스템 드러나

코로나19 이후 우리 주변에서 이와 같은 유사한 사례들을 많이 접할 수 있었다. 집회 및 모임을 자제할 것을 정부에서도 적극 협조요청을 하는 상황에서 결혼식을 미루고, 돌잔치 예약을 취소하는 과정에서 많은 위약금 분쟁사례가 발생했다. 코로나19가 천재지변에 해당되냐, 되지 않느냐의 문제가 여전히 끝나지 않고 있다.

안타깝게도 재난이 일상화 되어가고 있다. 재난은 예상치 못하게 찾아온다. 메르스 때도 그랬고 이번 코로나19 상황에서도 취소 수수료와 관련된 소비자,

사업자의 분쟁은 계속됐다. 이번 일을 계기로 정부의 재난상황 시 소비자 혼란을 예방하기 위한 지침 및 가이드라인이 제시되었다.

코로나19와 같은 감염병 발생시 4개 업종(여행업, 항공, 숙박, 외식업)에 대해 위약금 기준이 마련되었다. 관련 규정으로 제 2020-16호 공정거래위원회 고시 소비자분쟁해결기준이 개정되어 2020년 11월 13일부터 시행되었다.

재난과 같은 예상치 못한 큰 충격을 당했을 때, 원래 상태로 돌아갈 수 있는 능력, 리질리언스(Resilience).[5] (우리말로는 회복탄력성, 회복력, 복원력 등으로 번역된다.) 딱 맞는 우리말을 아직 찾지 못해 그냥 리질리언스라고 쓰는 경우가 많다. 코로나19 사태는 한국의 회복능력을 전세계에 보여 주게 될 중요한 사건임이 분명하다. 중국 다음으로 심각한 코로나19 위험국가가 되었다는 것이 아니라, 코로나19에 어떻게 대응했는가로 대한민국의 리질리언스가 평가받기를 기대하며, 소비자정책 또한 사업자와 소비자 모두를 아우르며 재난 상황시 현명하게 대처할 수 있는 대안과 정책이 제시되길 바란다.

---

5) 한국일보 오피니언 코로나19와 대한민국의 리질리언스(2020. 3. 7.)

공정거래위원회 고시 소비자분쟁해결기준에 따른 감염병 발생 시 여행업 기준

분야	분쟁유형	해결기준
국내여행	**1급 감염병 발생으로 사업자 또는 여행자가 계약해제를 요청한 경우**(『감염병의예방및관리에관한법률』상의 1급 감염병을 의미함.) - 여행일정에 포함된 지역·시설에 대한 집합금지·시설폐쇄·시설운영중단 등 행정명령 발령되어 계약을 이행할 수 없는 경우, 계약체결 이후 여행지역이나 여행자의 거주 출발(지역)이 특별재난지역으로 선포되어 계약을 이행할 수 없는 경우 계약체결 이후 필수 사회·경제활동 이외의 활동이 사실상 제한(사회적 거리두기 3단계 및 이에 준하는 조치)되어 계약을 이행할 수 없는 경우	◆ 위약금 없이 계약금 환급
국내여행	- 계약체결 이후 여행지역에 재난사태가 선포되어 계약을 이행하기 상당히 어려운 경우, 계약체결 이후 여행지역에 감염병 위기경보 심각단계가 발령되고 정부의 여행취소·연기 및 이동자제 권고(사회적 거리두기 2단계 및 2.5단계 조치) 등으로 계약을 이행하기 상당히 어려운 경우	◆ 위약금 50% 감경 사업자는 이미 지급받은 여행요금(계약금 포함) 등에서 위약금 감경 후 잔액을 이용자에게 환급함.
국외여행	**감염병 발생으로 사업자 또는 여행자가 계약해제를 요청한 경우** - 외국정부가 우리 국민에 대해 입국금지·격리조치 및 이에 준하는 명령을 발령하여 계약을 이행할 수 없는 경우, 계약체결 이후 외교부가 여행지역·국가에 여행경보 3단계(철수 권고)·4단계(여행금지)를 발령하여 계약을 이행할 수 없는 경우, 항공·철도·선박 등의 운항이 중단되어 계약을 이행할 수 없는 경우	◆ 위약금 없이 계약금 환급 사업자는 이미 지급받은 여행요금(계약금 포함) 등에서 위약금 감경 후 잔액을 여행자에게 환급함.
국외여행	- 계약체결 이후 외교부가 여행지역·국가에 특별여행주의보를 발령하거나 세계보건기구(WHO)가 감염병 경보 6단계(세계적 대유행, 팬데믹)·5단계를 선언하여 계약을 이행하기 상당히 어려운 경우	◆ 위약금 50% 감경 세계보건기구(WHO)가 감염병 경보 5단계를 선언한 경우는 감염병이 발생한 해당지역에 한함.

(제2020-16호)

사건 3) 유사투자정보업체 성행으로 고령소비자 피해 심각

"사기를 당한 것 같아요! 내 돈 1천만 원 좀 찾아주세요!"

텃밭에서 일을 하다 오신 듯한 복장의 65세 김○○ 할머님이 사무실을 찾아오셨다. 한 달 주식투자로 6백만 원 고수익 보장이 가능하다는 말만 믿고 유사투자자문업체[6]와 계약을 체결했고 천만 원을 신용카드 6개월 할부로 결제했다고 한다. 중학교 교사 출신인 김○○ 할머니는 뒤늦게 정신을 차리고 계약을 취소하려고 보니 영업사원과 통화가 되지 않았다. 카드회사로 연락을 해봤지만 가맹점 정보(주소, 사업자번호, 연락처 등)가 등록돼 있지 않아 해결할 방법이 없자, 믿을 곳은 소비자고발센터밖에 없다며 전라북도 임실군에서 3번의 버스 환승을 거쳐 사무실을 물어물어 찾아오셨다.

유사투자자문업체와 계약을 체결하는 소비자 특성을 보면 대부분 금융·주식에 전문지식이 부족한 60대 이상으로 이들의 피해가 큰 폭으로 증가하고 있는 것을 볼 수 있다. 소비자에게 가장 취약한 정보·지식이 금융 분야임에도 불구하고 업체 정보에만 의존해 투자를 했다가 손해를 보는 소비자가 대부분이다. 노년을 준비해야 하는 시기에 주식 투자 손실은 노후 생활 불안정을 초래할 수 있어 걱정이 많다.

고수익 보장광고, 할인가 프로모션으로 현혹

이러한 업체들은 무료체험 문자, 무료 카톡방 등 인터넷·모바일 광고를 통

---

[6] 불특정 다수인을 대상으로 대가를 받고 주식정보를 휴대전화, 방송, 인터넷 등으로 제공하는 사업자로 금융위원회에 신고만 하면 영업 가능.

해 높은 수익 보장, 이용료 할인 등을 내세우며 소비자를 유인하고 있다. 경제활동 은퇴 후 목돈을 가지고 있고 경제적인 여유가 있는 중장년층뿐 아니라, 경제적 여유가 없는 일반 서민도 고수익이 보장된다는 말만 믿고 충동적으로 계약을 체결하는 경우도 종종 볼 수 있다.

투자자문회사와 유사투자자문업체는 달라

간혹 소비자들이 투자자문회사와 유사투자자문업체를 혼동하는 경우가 있다. 유사투자자문업자는 투자자문회사와는 차이가 있다. 유사투자자문업자는 특정인을 대상으로 일대일 투자자문을 진행하거나, 투자자의 재산을 일임받아 운용하는 행위는 금지되어 있다. 유사투자자문업자가 영위할 수 있는 행위는 불특정 다수를 대상으로 일정한 방법을 통해 투자 조언만 가능하다. 금융투자상품을 매입한 후 투자자에게 이를 매도하는 등 투자매매행위를 하거나 투자자에게 제3자가 보유한 금융투자 상품을 추천함과 동시에 거래상대방, 거래가격, 주식수 등 거래조건을 지정해 주는 등 매매를 중개하는 행위가 금지되어 있다.

유사투자자문업자와 거래하는 소비자 대부분은 유사투자 자문업자를 투자자문회사로 오인하는 경우가 많아 제공하는 정보를 신뢰하는 것으로 보인다.

투자자문회사와 유사투자자문업의 비교

구분	투자자문회사	유사투자자문업
국외여행	일정한 등록요건(자본금, 운용전인력 등 인적·물적요건)을 갖추고 금융위원회 등록	일정한 서식에 따른 신고만으로 가능
영업의 방법	고객과 1:1로 투자자문업 및 투자일임업을 영위	불특정 다수인을 대상으로 발행 또는 송신되고 불특정 다수인이 수시로 구입 또는 수신할 수 있는 간행물·출판물·통신물 또는 방송 등을 통하여 영업
감독 및 검사	제도권 금융기관으로 금융감독원의 감독과 검사를 받고 있음.	금융감독원의 검사대상 금융기관이 아님.

계약해지 관련 소비자피해가 대부분

2018년 한국소비자원에 접수된 피해구제 신청 1621건을 분석한 결과 계약해지 관련 피해가 95.5%(1,548건)로 대부분을 차지했다고 한다. 세부적으로는 '위약금 과다 청구'가 67.2%(1,090건)로 가장 많았고, '환급 거부 지연' 28.3%(458건), '부가서비스 불이행' 1.5%(25건) 등이 뒤를 이었다.

일정기간 정보를 제공하기로 약정하고 이용대금을 수수하는 계약은 방문판매등에 관한 법률 제2조에 따라 계속거래로 정의하고, 계속거래로 계약을 체결한 경우 소비자는 언제든지 계약을 해지할 수 있다. 계약해지 시 과다한 위약금을 청구하거나, 환급을 거부하는 행위는 금지되어 있다.

해지 시 이용료의 10% 위약금과 이용일수에 해당하는 금액 지불 후 환급 가능

소비자기본법 시행령 제9조 (소비자분쟁해결기준의 적용)에 따라 품목별 소비자분쟁해결기준에서 해당 품목에 대한 분쟁해결기준을 정하고 있지 아니한 경우, 유사 품목에 대한 분쟁해결기준을 준용하고 있다.

인터넷콘텐츠업(인터넷정보이용서비스)을 준용할 경우 소비자가 계약해지를 요구한 경우 해지일까지의 이용일수에 해당하는 금액과 잔여기간 이용요금의 10% 공제 후 환급이 가능하다.

소비자는 회원가입 할 때 회원 가입 시 교육자료, 종목적정가 검색기, 여행상품권 등을 일괄 제공하고 해지 시 과다한 금액을 차감하거나 전문가비용(종목 추천비용)을 별도로 청구하는 경우가 있으므로 주의한다. 해지 거부, 서비스 중단 등 계약 불이행에 대비해 현금 지급, 신용카드 일시불보다는 신용카드 할부 결제를 하는 것이 좋다. 해지를 미루거나 회피할 수 있으므로 해지요청 시 문자, 통화 녹음, 내용증명 등 증거자료를 남겨 분쟁에 대비하는 것이 좋다.

사건 4) 모바일 쇼핑, 소비자 피해 급증

'고퀄리티 겨울용 코트를 1만 원에 구입할 수 있다'

김○○ 여사는 70대 초반임에도 불구하고 나름 스마트폰을 잘 사용하고 있어 자부심이 크다. 카카오톡을 활용한 자녀단톡방과 동창회단톡방도 수시로 접속하고 있다. 그런데 메일화면에 뜨는 엣지있는 스커트와 블라우스가 단돈 2만 원이라고 하니 바로 구매를 신청하였다. 예쁘게 입고 친구모임에 갈 생각에 들떠있었지만 옷은 도착이 안 되고 판매처는 전화도 안 되는 상황이 되었다.

'겨울용 코트가 1만 원'

이 광고에 혹하지 않을 소비자는 드물다. 이미지도 그럴싸하다. 반신반의하며 손에 쥐고 있던 스마트폰을 터치해 장바구니에 담고 구매하기를 누른다. 판매자에게 1:1 채팅 문의도 척척한다. 인터넷쇼핑·모바일쇼핑의 주이용 고객이 20~30대이던 시대는 예전 일이다. 이제 중년층도 스마트폰으로 모바일쇼핑을 하고 모바일뱅크에서 옷값을 입금시킨다. 그만큼 시대가 변했고 중년·노년층도 시대 변화의 흐름에 따라가고 있다.

전북 완주에 소재한 모바일쇼핑업체는 겨울용 의류임에도 거의 모든 의류를 1만 원에 판매하고 있었다. 그럴듯한 의류 이미지에 혹한 소비자들은 1만 원짜리 겨울 의류를 장바구니에 담기 시작했다. 심지어 20벌이 넘는 옷을 주문한 소비자도 있었다. 소비자는 업체로부터 중국공장에서 물품 제작이 지연돼 배송이 지연된다는 안내를 받긴 했지만 1개월이 넘도록 늦어도 너무 늦게 배송되는 의류를 기다리지 못해 환불을 요구했다. 일주일, 한 달이 넘도록 업체는 환불을 해주지 않았다. 또는 주문하지 않은 엉뚱한 의류가 일방적으로 배송되기도 했다. 문제는 업체의 환불 지연, 일방적으로 주문하지 않은 다른 제품 배송뿐 아니라 업체와의 연락두절이 문제였다.

이 업체로 인한 피해 소비자만 약 6개월 동안 2천여 건이 본 단체로 접수되었다. 몇차례에 걸친 사업장 방문과 대표와의 간담회를 통해 환불기일을 약속받았지만 그 약속이 지켜지지 않아 전국에서는 처음으로 사업자대상 집단 형사고소를 하게 되었다. 참여한 소비자만 약 3백여 명. 차후, 경찰 조사결과를 지켜봐야 하는 상황이다. 모바일쇼핑 산업은 계속적으로 성장할 것이고 진출사업자가 많아지면서 나쁜 선례가 악용되지 않을까 염려되어 형사고소라는 어려운 결정을 하게 되었다.

모바일 쇼핑시장, 월 8조 원 시대

스마트 기기의 발달과 보급에 따라 모바일 쇼핑의 비중은 점차 증가하고 있다. 모바일 쇼핑은 PC기반의 온라인쇼핑에 비해 즉시접근성이 좀 더 좋고, 더 편리하다고 인식하고 있다. 모바일 플랫폼시장이 잘 형성돼 있어 특성상 오프라인 대비 저렴한 가격, 공격적인 마케팅, 최적화된 쇼핑 환경 제공 등에 힘입어 모바일 쇼핑은 지속적으로 성장하고 있다.

통계청이 밝힌 2021년 4월 온라인쇼핑 거래액은 전년 같은 달에 대비해 25.2% 증가한 15조 904억 원으로 집계됐다고 한다. 온라인쇼핑 거래액 중 모바일쇼핑 거래액 비중은 71.1%로 전년 동월대비 4.6%p 상승했고 거래액은 10조 7,303억 원을 기록했다.

쿠팡이나 위메프와 같은 소셜커머스 기업이나 G마켓, 11번가와 같은 오픈마켓 업체뿐 아니라 대형마트인 이마트 등 다수의 유통업체와 다양한 업태들이 모바일 쇼핑 시장을 선점하기 위해 대거 진출하기까지 했다.

저가 제품 유혹에 비계획적 소비, 충동구매 염려

2020년 코로나-19 영향으로 소비패턴에도 다양한 변화를 가져왔다. 정부에서도 외출자체, 사회적 거리두기를 권장하면서 오프라인 매장을 이용하는 소비자보다 집안에서 인터넷쇼핑몰, 모바일 쇼핑을 통한 물품구매가 늘었다.

모바일쇼핑에 대한 접근성이 손쉽기 때문에 비계획적인 소비와 충동구매로 쇼핑의 횟수가 증가하게 되고, 잦은 구매는 경제적 부담이 되어 저가제품을 구매하게 되는 과정이 계속된다. 위 사례 또한 마찬가지다. 겨울 코트가 1만 원 반신반의하면서도 싸다는 매력에 구매 결정을 하게 된다. 제품 하자가 아닌 이상 소비자의 변심으로 청약철회를 할 때는 전자상거래등에서의 소비자보호에 관한 법률에 의거 택배비용을 소비자가 부담해야 하는데 그 비용만 최소 5천 원에 해당된다. 1만 원짜리 제품 가격에 최소 5천 원을 택배비로 부담하는 것은 배보다 배꼽이 더 큰 격, 왠지 손해를 보는듯한 느낌에 반품을 포기한다. 결국 입지도 않은 의류는 자리만 차지하다 버려지는 신세가 된다. 이 과정에서 발생되는 의류 폐기물, 환경문제 또한 생각해 봐야 한다.

스마트폰을 손에 쥐고 있는 한 모바일쇼핑에 노출될 수밖에 없는 소비환경이다. 소비자들이 저가제품에 대한 비용부담을 전혀 개의치 않아 충동구매, 비계획적인 잦은 구매로 이어진다면 잘못된 소비생활습관으로 발생될 수 있는 사회문제 또한 고민해야 할 시점이다.

소비자 주의 사항

전자상거래 등에서의 소비자보호에 관한 법률 제17조(청약철회)에 의해 소비자의 단순변심에 의한 청약철회가 가능하다. 제품을 받은 날로부터 7일 이내 청약철회 가능하며, 소비자가 반환에 필요한 비용(택배비)은 부담해야 한다. 만

약, 사업자가 제공한 재화 등의 내용이 표시·광고의 내용과 다르거나 계약내용과 다르게 이행된 경우에는 그 재화 등을 공급받은 날부터 3개월 이내, 그 사실을 안 날 또는 알 수 있었던 날부터 30일 이내에 청약철회 등을 할 수 있다.

할인·특정상품은 교환 및 환급이 불가하다거나, 임의로 청약철회 기간을 축소하는 등 부당하게 소비자의 청약철회권을 제한하는 문구를 게재하고 판매하는 인터넷쇼핑몰과는 거래하지 않는다.

공정거래위원회 홈페이지에서 인터넷쇼핑몰의 통신판매업 신고 여부 등 사업자 관련 정보를 확인할 수 있으며 경찰청 사이버안전국(https://cyberbureau.polica.go.kr), 서울시 전자상거래센터 사이트(https://ecc.seoul.go.kr)에서 피해 다발 쇼핑몰 명단을 공개하고 있으므로 쇼핑몰 이용 시 참고한다.

현금 결제 시 '에스크로' 등 구매안전 서비스가 확보된 인터넷쇼핑몰을 이용해야 배송지연 등 피해 발생 시 결제 대금 지급을 중지하거나 피해 보상을 받을 수 있고, 20만 원 이상의 의류는 신용카드로 할부 결제(3개월 이상)하고, 배송 지연 등 계약 불이행 시 신용카드사에 항변권을 행사하여 잔여 할부금의 지급을 거절할 수 있다.

사건 5) 주차 중 파손된 차량 수리비 보상

"CCTV에 차량훼손 장면이 확인되지 않았으므로 배상을 해줄 수 없습니다."

주말을 맞아 가족들과 함께 대형 쇼핑마트에서 일주일 동안 먹을 식품을 구입한 김○○씨는 자동차 트렁크에 짐을 싣는 과정에서 왼쪽 범퍼에 검은색의 흠집이 나있고 찌그러져있는 것을 발견했다. 2달 전에 큰맘 먹고 구입한 벤츠 흰색 차량이기에 화가 난 김○○씨는 경찰서에 신고하고, 마트 측에도 이 사실을 알리고 CCTV를 요구했다. CCTV 사각지대에 주차되어 있어 직접 손해를 입힌 차량이 CCTV 상으로 확인되지 않았다. 주변 CCTV를 확인하여 벤츠 차량 옆에 주차했을 것으로 예상되는 검은 차량이 주차장을 빠져나가는 모습은 확인되었지만 차량 번호판은 보이지 않았다. 김○○씨는 마트를 이용하기 위해 전용주차장을 이용했고 이 과정에서 차량이 훼손되었으므로 마트측에 수리비 보상을 요구했다.

마트에서는 가해 차량과 김○○씨와의 개인적인 문제라고 주장했다. 또한, 고객의 편의를 위하여 무료로 운영하고 있는 주차장이고, 자사 주차장을 이용하는 과정에서 차량 훼손이 발생되었다는 결정적 입증근거도 없기 때문에 배상을 해줄 수 없다고 주장했다.

주차장 사고, 선량한 관리자의 주의의무 태만 인정

소비자는 마트의 지배 영역 내에 있는 주차장에 주차하였고, 차량 훼손 발견 즉시 경찰서와 마트측에 알린 사실을 감안할 때 주차장 내에서 차량 훼손이 발생되었다고 볼 수 있었다.

주차장법 제19조 3의 제2항에 따라 선량한 관리자의 주의의무를 태만히 하지 아니하였음을 증명하지 못하면 주차된 자동차의 멸실 또는 훼손으로 인한 손해배상의 책임을 면하지 못함에도 이를 입증하지 못하고 있기 때문에 차량 파손에 대한 손해배상 책임이 있다고 보고 조정을 통해 30만 원 일부 수리비를 배상받는 조건으로 협의되었다.

주차장 내에서의 사고가 빈번하게 발생함에 따라 최근 사각지대에 추가 CCTV설치 및 차량 입·출구 쪽에 고화질 카메라를 설치하는 등 주차장 내 사고 여부를 확인할 수 있는 시스템을 구축하게 되었다. 업계에서 자구적인 노력으로 고객서비스 개선 등을 위해 적극 동참하는 모습을 볼 때 소비자운동의 힘을 느낄 수 있게 된다.

사건 6) 여성 탈의실에 남성 침입에 의한 정신적 위자료 청구

여성 목욕탕에 들어갈 수 있는 남자어린이 나이는 몇 살일까?

정답은 2021년부터 만 4세 미만이다. 성(性)이 다른 목욕업소 목욕실과 탈의실에 출입할 수 있는 어린이 나이가 만 5세에서 4세로, 1세 줄어든 것이다. 추진한 배경에는 엄마, 할머니, 이모 등과 함께 여탕에 들어오는 것에 대한 여성들의 항의가 이어져 보건복지부가 공중위생관리법 시행규칙 일부를 개정하게 되었다.

2년 전, 밤늦은 시간 20대 후반의 남성이 여성 탈의실에 출입하는 사건이 있었다. 50대 후반 김○○씨는 오랜만에 한자리에 모인 딸 3명과 함께 동네 목욕탕을 찾았다. 모처럼 자녀들과 함께 수다도 떨고 기분전환도 할 겸 찜질방과 목욕탕을 함께 운영하고 있는 시설을 찾게 된 것이다. 그런데 뜻하지 않은 사건이 발생했다.

목욕 후 맨몸으로 탈의실에서 젖은 머리카락을 말리고 있었는데 갑작스레 '꺄악~'하는 괴성이 들렸다. 소리가 나는 방향으로 고개를 돌리자 한 남성이 탈의실 내 위치하고 있는 피부관리실로 급히 들어가는 장면을 목격할 수 있었다. 당시 탈의실에는 본인과 세 딸을 포함해 7명의 여성들이 있었다. 피부관리실의 형광등을 교체하러 온 남성이라는 사실을 뒤늦게 알게 됐지만 여성 목욕탕에 갑작스런 남성의 출현으로 자신의 신체가 노출된 것은 아닌지 자녀들이 입은 정신적 충격은 컸다. 이를 이유로 김○○씨는 목욕탕 측에 정신적 손해배상을 청구했지만 사업자는 미안하다는 사과뿐 업무를 위해 어쩔 수 없는 일이었다며 심드렁한 반응이었다.

사업자의 태도가 괘씸했던 소비자는 우리 사무실을 찾았다. 사건을 종합해 볼 때 재산상 손해를 입지는 않았고 계약불이행의 문제 상황으로도 볼 수 없었으나 '여성 탈의실'이란 특별한 공간 안에 남성이 출입하였다는 것은 사업자의 '관리 소홀'의 책임이 인정되는 상황이었다.

남성의 출입이 고의적이지 않고 업무처리를 위한 출입이라는 점, 여성의 신체를 보지 못했다고 주장하고 있지만 여성 탈의실에 남성이 들어왔고 이 사실을 여성이 인지했다면 사업자 측에 배상책임이 있다고 판단하여 손해배상에 대한 중재를 진행했다. 김○○씨가 가지고 있던 목욕쿠폰 24장 환불과 정신적인 손해배상 명목으로 70만 원을 배상받는 조건으로 사건은 마무리되었다.

엄격한 정신적 손해배상의 범위

대법원은 정신적 피해보상에 대해 '특별한 사정으로 인한 손해는 채무자가 그 사정을 알았거나 알 수 있었을 때'(민법 제393조 제2항)에 한하여, 재산상 손해의 확정이 가능하고, 그 손해 발생에 대한 증명이 완전히 가능한 경우에만 인정하는 등 정신적 위자료 청구권에 대하여 매우 엄격한 태도를 보이고 있다.

정신적 손해배상 산정 기준 없어, 법원에 일임하고 있어.

철저하게 소비자 관점에서 이 사건을 바라볼 때 여성탈의실에 20대 남성이 출입했다는 사실은 사업자의 불법행위에 해당된다고 볼 수 있고, 정신적인 손해배상의 책임이 있다고 판단했다.

우리나라는 정신적 손해배상에 있어 재산적 손해와는 달리 금전으로 평가할 객관적 기준이 없고 현재의 손해와 장래의 손해로 구별되지 않고 하나의 금액으로 평가되며, 가해자의 귀책사유에 따라 손해배상 증감이 있을 수 있다는 고유의 특징이 있다. 우리나라 민법은 정신적 손해배상의 산정 방법이나 산정 시에 고려해야 할 요인에 관한 규정을 전혀 두고있지 않아 결국 그 산정을 법원에 일임하고 있다.

정신적 손해배상의 정형화된 기준 필요

정신적 손해배상의 산정은 재산적 손해와는 달리 금전으로 평가할 객관적인 기준이 없을뿐더러 가해행위가 없었더라면 존재하였을 피해자의 이익을 수리적으로 명확히 산출하는 것은 불가능에 가깝다. 또한 우리 민법은 정신적 손해배상의 산정방법이나 산정시 고려해야 할 요인에 관하여 규정을 두고 있지 않다. 이러한 난점 때문에 법원에게 일임하여 여러 제반사정을 참작하여 그 배상액을 직권으로 산정하고 있기 때문에 그 배상액에 큰 편차가 나타나는 문제가 발생할 수 있다.[7]

이에 따라 정신적 손해배상 산정액의 정형화된 기준이 필요하다. 그러기 위해서는 다양한 정신적 손해배상의 유형적 정리를 통해서 정형화된 기준을 마련하고, 탄력적으로 적용될 수 있도록 획일적인 기준을 두는 것보다 개개인의 사안의 구체성도 고려될 수 있도록 손해배상액의 상한과 하한의 기준을 두는 것도 좋을 듯 싶다.

징벌적 손해배상제도의 도입

기원전 2000년 함무라비 법전에 의하면 사람이 소, 양, 나귀, 돼지, 염소 등을 사원이나 궁전에서 훔진 경우에 30배의 배상, 평민에게서 훔친 경우 10배의 배상, 운송인이 여행자로부터 금, 은, 보석 및 기타 물품을 수취하여 운송 중에

---

7) 참고문헌: 최현숙, 불법행위로 인한 정신적 손해배상에 대한 연구, 가천대학교 대학원, 박사학위논문 (2016)

횡령한 경우에는 그 5배를 소유자에게 반환해야 한다고 한다. 기원전 5세기 중엽에는 로마법에서 불법행위로 인한 손해액의 몇 배를 보상하는 12표법의 배수적 손해배상이 규정되기도 했다.

이처럼 고대법은 실제 손해액보다 많은 금액을 피고에게 배상하도록 명하는 배수적 손해배상제도가 있었음을 알 수 있다. 여러 논란이 있기도 하지만 이처럼 고대법의 배수적 손해배상제도는 오늘날 징벌적 손해배상제도의 원형이라고 할 수 있을 것 같다. 우리나라에서도 고대 부여의 1책 12법과 고조선의 팔조법금에서 실제 손해보다 더 많은 손해배상을 인정하기도 했다.

우리사회는 고도의 과학기술의 발전으로 인한 새로운 불법행위의 발생에 대한 우려뿐 아니라 자본주의 사회의 구조적인 사회적 강자들에 의한 상대적 약자인 소비자들을 상대로 한 불법행위로 인한 불평등의 사례들을 보아왔다. 옥시 가습기 사태가 그러했다.

정신적 손해배상에 징벌적 손해배상제도를 적용함으로써 그 효용성과 유용성이 발휘될 수 있을 것이라 본다. 징벌적 손해배상제도로 인해 작용할 수 있는 불법 행위에 대한 억제, 악의적 불법행위자에 대한 제재, 사회구성원의 법 준수 유인을 통한 예방, 피해자의 소송비용 등이 포함된 실질적 전보적 손해배상 등의 기능들로 인하여 사회의 불평등 완화, 형법의 손해배상 범위의 한계 보완 및 불법행위에 대한 책임회피 가능성 제거 등 그 사회적 유용성은 크다 할 것이다. 이러한 제도적 도입을 통해 소비자의 권익이 증진되고 소비생활이 향상될 수 있길 기대해 본다.

사건 7) 110만 원, 고가의 운동화를 아시나요?

요즘 핫한 말로 '플렉스'(flex)[8] 라는 말이 있다. 미국 힙합문화에서 유래한 '플렉스'는 부나 귀중품을 과시한다는 뜻이다. 한때 루이비통, 샤넬 가방은 명품의 상징이었지만, 90년대생을 중심으로 가방 대신 운동화로 '플렉스'하며 신발 한 켤레 가격이 최소 몇 십만 원에서 백만원을 호가하는 가격대로 유통되고 있다. 그것도 일명 "때탄 신발", 빈티지 신발이라고 부르는 구제 운동화로 50대 이후 정도의 소비자상담가라면 새로운 제품에 대한 정보가 필요할 정도이다.

2019년 12월 박○○ 씨는 명품 운동화를 가지고 우리 소비자상담소를 방문하였다. 1년 전, 110만 원에 구입한 운동화를 명품신발 전문세탁소에 첫 세탁을 의뢰하였다. 세탁소사업자는 때가 묻은 빈티지한 신발의 옆면(때탄 부위)을 깨끗이 지워서 소비자에게 전달하였다. 그러나 박○○ 씨는 문제의 운동화를 세탁소에서 잘못 세탁하였다며 고발하였다.

우리 단체는 전북지역에서 유일하게 세탁물 심의를 하는 단체이다. 새로운 원단이 나오고 옷 가격이 높아지다 보니 집에서 세탁보다는 드라이크리닝을 하라는 세탁 표시가 많아지고 또 소비자들도 세탁소를 많이 이용하고 있어 세탁물 사고가 갈수록 늘고 있다. 이에 한달에 1회씩 세탁물을 모아서 1994년부터 한국세탁업중앙회 전북도지회에서 추천받은 세탁업전문가와 의류학과 교수를 심의위원으로 위촉하여 사고세탁물심의회를 구성하였다.

우리 단체는 사고세탁물을 담당하는 직원을 배정하여 접수된 사고 세탁물ㆍ

---

[8] '플렉스'라는 유행어는 래퍼들을 통해 2019년을 전후하여 한국에 도입되었다. 2019년 7~9월 방영된 <쇼미더머니8>에 출연한 한 래퍼가 고가의 물품 구입을 자랑하며 "플렉스해버렸지 뭐야."라고 발언한 후, '명품과 같은 고가의 상품을 사다'라는 의미의 대중적인 유행어로 확산되었다. 2019년 12월 한 대담 프로그램에서는 '플렉스하다'가 '솔직하게 과시하다'라는 의미로 사용되기도 했다.(출처: 다음백과)

의류에 대한 정보(구입일자, 금액, 사고 내용 등)를 설명하고, 심의위원은 현물을 육안으로 직접 관찰 및 간단한 테스트 등을 거쳐 사고 세탁물·의류의 문제 원인 등을 추론한다.

세탁물심의 전과 심의 이후에는 며칠 동안 세탁소와 소비자들로 사무실이 어수선하다. 서로가 만족할 만한 결과를 얻지 못했을 때는 우리 상담원에게 항의하고 막말을 할 때도 있고 소비자와 세탁소 간 주먹다짐을 할 정도로 감정이 격해지기도 한다.

세탁소 의견은 때가 묻어있는 신발을 깨끗이 지워주었는데 손님이 신발의 원래 사진을 가져와서 때가 묻어있는 자국을 다 지워서 명품의 기능이 없어졌다며, 세탁 과실로 배상을 요구하는데 세탁소는 원래 그런 빈티지한 신발의 디자인인지 몰랐다고 주장하였다.

반면 소비자는 명품신발세탁소라고 해서 세탁비 2만 원을 지불하였고, 세탁소의 무인 보관함에 "구***더티 신발이니 잘 부탁해요."라는 문구까지 기재하여 의뢰했기 때문에 당연히 세탁소에서는 신발의 특성을 알 것이라고 했다.

여기에서 "더티dirty"라는 단어는 더러운, 지저분한이라는 뜻인데. 사실 세탁소에서 이 의미를 과연 알았을까.

결국, 위 소비자는 우리 소비자상담의 중재로 세탁심의를 통해서 세탁소의 신발 세탁 과정 중 신발의 디자인, 특성을 고려하지 않은 세탁 과실로 인한 변형으로 결과가 나왔다. 소비자 분쟁 해결기준 세탁업에 따라 가죽신발의 내용년수 3년 중 1년 사용 기간 감가 상각하여 구입가의 60%인 66만 원을 세탁소에서 배상하였다.

이러한 결과가 나올 때마다 세탁비 2만 원을 받고 66만 원을 배상한 세탁소에게 괜히 미안하고 또 소비자는 1년은 신었지만 그 신발을 새로 구입하려면

44만 원을 더 부담해야 하니 그 또한 억울하다고 하소연한다.

새로운 소비자트렌드에 맞게 듣도 보지도 못한 제품들이 쏟아져 나오고 새로운 소비거래가 이루어지고 있어, 사업자도 소비자도 적극적으로 정보를 얻지 않는다면 피해를 볼 수도 있다.

전북에서 매년 150~200여 건의 세탁심의 접수가 되고 있으며, 2020년 한 해 동안 164건의 세탁심의를 진행하였으며, 이중 제조사 과실 40건(24.4%), 세탁소 과실 35건(21.3%) 나타났다.

또한 2019년 한국소비자원 섬유제품심의위원회에 접수된 섬유제품 관련 분쟁 건은 총 5,004건으로 제품의 품질미흡 등 '제조·판매업자 책임'이 43.3%(2,169건)로 가장 많았고, 기타(책임소재 확인불명, 자연현상 등) 17.0%(1,501건), '소비자 책임' 17.0%(852건), 세탁과실로 인한 '세탁업자 책임' 9.7%(482건) 등의 순으로 나타난 통계가 있다.

'전기용품 및 생활용품 안전관리법' 제28조에 의거하면, 제조업자 또는 수입업자는 산업통상자원부장관이 정하여 고시하는 안전기준에 적합한 안전기준 준수대상 생활용품을 제조 또는 수입하여야 한다.

국가기술표준원고시 제2018-0195호에 의거하면, 의류의 표시사항 및 표시방법, 안전요건에 대하여 규정하고 있다. 하지만 지속적으로 세탁물의 피해가 발생되는 요인으로는 먼저 제조사에서는 제품을 제조할 때, 의류의 외형적인 디자인뿐만 아니라 제품의 내구성을 고려하여 생산하도록 더 심혈을 기울여야 한다. 또한 세탁소에서는 세탁 접수 시 확인의무, 세탁물의 특성과 다각적으로 변화하고 있는 의류의 유행, 트렌드에 맞는 전문적인 기술 교육이 강화되어야 한다고 생각된다. 그래서 매년 사)한국세탁업중앙회 전북도지회에 가입된 전북지역 세탁소 사업자들을 대상으로, 우리 단체에서는 세탁물 관련 피해사례, 의류 및 소비자트렌드, 소비자분쟁해결기준 등에 대해서 교육을 진행하고 있다.

세탁소 표준약관 준수, 접수증 의무 교부해야

현재 세탁소와 소비자 간의 분쟁이 발생되면, 공정거래위원회 세탁업 표준약관, 소비자분쟁해결기준이 마련되어 있지만, 이는 권고사항이며 세탁업소의 책임을 다하지 않을 경우 예를 들어 인수증 미교부, 접수시 확인 등에 대해서 과태료나 행정조치사항이 없는 상황이다. 제조사나 세탁소의 사업자 책무에 대해 위반 시 조치할 수 있는 규정이 필요할 것으로 보인다.

세탁물이나 의류, 신발, 가방 등 사업자와 소비자 간의 분쟁에 대한 책임소재를 판별하기 위해 현재, 소비자단체(16곳)와 한국소비자원(2곳)에서 의류심의위원회에 소비자나 사업자의 심의접수가 가능하다.

심의하는 곳이 여러 곳이다 보니, 동일한 심의품이라도 접수자에 따라 심의결과가 다르게 나오는 경우가 있다. 예를 들어 사업자가 접수하는 경우에는 사업자의 의견만 포함되는 경우도 있다. 또한 사업자 과실로 1차 심의결과가 나왔음에도 불구하고, 서울지역의 심의기관의 결과가 동일하게 나와야 배상을 해주는 경우도 있어 2차, 3차 심의까지 접수하는 사례도 있다.

따라서 이런 사항을 개선하기 위해서는 심의기관에서 사업자(제조사나 세탁소) 과실로 나올 경우 배상처리가 원스톱으로 될 수 있도록 사업자 배상책임 규정이 강화될 필요가 있다.

소비자 주의사항

세탁소를 이용하는 소비자들은 세탁소에서 세탁물을 찾아와서 그대로 옷장 보관 하지 말고, 반드시 세탁소 비닐 커버를 벗기고 세탁 하자가 없는지 확인을 해야 한다. 만약 세탁소에서 세탁물을 수령한 날로부터 6개월 경과 후, 세탁물 하자에 대해서 세탁업 표준약관 제10조(면책) 세탁업자는 그 책임을 면한다고 규정되어 있기 때문에 6개월이 지나기 전 하자에 대해서 이의제기해야 된다는 것을 꼭 기억해야 한다.

신발 세탁 전·후 비교

사건 8) 노총각 두 번 울리는, 결혼중개 업체

"결혼은 인생의 무덤?" "그래도 결혼은 남는 장사?"

결혼이라는 단어로 키워드를 검색하면 많이 나오는 두 문장이다. 무덤인지 남는 장사인지는 일단을 결혼을 하여야 얻어지는 결론일 것 같다. 더욱이 결혼적령기가 이제는 의미 없는 시대이지만 결혼을 하고 싶지만 동반자를 만나지 못해 찾는 곳이 결혼중개업체이다. 과거에는 친인척을 통한 결혼이 성사되고 있지만 이제는 모바일이나 업체를 통해야 가능한 일이고 비혼 역시 늘어나고 있는 상황이다.

하지만, 부푼 마음으로 결혼중개업체에 회원가입 후 업체가 계약을 불이행하거나 중도해지 시 과다한 위약금을 요구하는 사례도 있어 이리저리 빈정 상하는 일이 많다.

20여 년 전만 하여도 농촌총각 장가보내기 운동을 자치단체에서 열심히 진행해서 국제결혼이 많이 이루어졌다.

2020년 3월 17일 통계청 발표한 '2020년 결혼 통계'를 보면, 다문화 혼인건수는 1만 5천 건으로 전년대비 35.1%(-8천건)으로 감소했다. 코로나19 영향으로 일시적인 감소현상을 보이는 것 같다. 그래도 농촌지역보다는 도시근로자를 중심으로 계속해서 국제결혼이 진행되는 추세다.

최근 5년간 (2016~2020) 전북지역 국내·국제 결혼중개업 관련 상담 접수현황으로는 2016년 109건, 2017년 106건, 2018년 108건, 2019년 106건, 2020년 103건, 2016년부터 2020년도까지 총 532건의 상담이 접수되었다.

국제결혼 후 신부가 사라진 사례이다

사연인즉, 국제결혼 후 신부가 사라진 사례이다.

40대 노총각 이○○ 씨는 2015년 8월 국제결혼중개업체와 계약 후 1,650만 원을 지불하고 동남아시아 신부와 현지에서 결혼식을 진행하였다. 그 신부는 일정기간 모국에서 거주하다가 2017년 3월 한국에 들어왔는데, 문제는 한국에 온 지 2개월만에 신부가 없어진 것이다. 남편에게는 신부의 친언니가 타 지역에 살고 있다며 몇 번 만나러 다녀왔고, 베트남에 가겠다며 어느 날 사라졌고, 전화연락도 두절되었다.

국제결혼심사기준에 의거하여, 외국인 배우자를 결혼동거 목적으로 초청은 5년 1회만 가능하여서, 위 소비자는 이미 1회 초청을 하였으므로 5년 이내 다시 국제결혼을 할 수 없다. 이에 따라 소비자가 지불한 중개 비용 중 50% 환불을 중개업체에 요구하였으나 다른 방법으로 초청하는 방법이 있다며, 다시 소개는 가능하지만 사업자 귀책 사유는 없다면서 환불은 거부했다.

이렇게 노총각을 두 번 울리는 결혼중개와 관련된 피해가 발생되고 있는 상황이다.

현행 결혼중개업의 관리에 관한 법률에 의거하여 국내결혼중개업체는 지자체에 신고하고, 국제결혼중개업체는 등록을 하도록 되어 있다. 2020년 5월 말 기준으로 전북지역 내 결혼중개업체는 총 71개 업소로 우리 단체에서는 지역별로 방문 또는 전화상으로 중개업체들이 관련 법률을 잘 지키고 있는지, 계약서 보관, 계약서 교부, 표준약관을 사용하고 있는지 등에 대해서 2019년 10월 31일 ~ 11월 15일까지 실태조사를 진행한바 있다.

조사해 보니, 국내 결혼중개업소 35곳 중 9개 업소가 회원가입 신청서만 있거나, 노트에 회원 인적사항만 기록하는 등으로 계약서가 없는 것으로 나타나 전라북도 국제협력과에서 해당 사업자들을 대상으로 시정권고하였다. 특히, 전주지역 4개 업소에서는 계약서상에 인증심사료 명목으로 받는 20만 원에 대해 "계약해지 시 환불되지 않는다."는 소비자에게 부당한 계약조항을 둔 사실도 확인했다.

국내결혼 피해 사례

안○○ 씨는 2019년 11월 국내결혼중개업체와 8회 계약 후, 회원가입비 3,200,000원을 현금으로 결제하였다. 이후 1회 만남을 갖기로 하였으나 상대방이 1시간 정도 늦게 나와 만남을 갖지 못하여 결국 사업자에게 중도해지를 요구하였다.

하지만 사업자는 이벤트기간에 가입한 경우로 '중도해지시 환불 불가'라는 내용이 계약서상에 명시되어 있으므로 전혀 환불을 해 줄 수 없다며 환급을 거부하였던 사례가 있었다. 결국 해당 사업자의 부당약관으로, 소비자분쟁해결기준에 의거하여 가입비의 80%인 2,560,000원을 환급받았다.

전주지역 실태조사 결과 불공정약관 사용하는 결혼중개업소 4곳에 대한 약관 시정

약관의 규제에 관한 법률에 의거하여 2019년 12월 부당약관을 사용하는 해당 4개 업소에 대해서 우리 단체에서 공정거래위원회에 불공정약관심사청구를 하였고, 이후 2020년 1월 15일 해당 4개 업소에서는 부당약관에 대해서 시정하기로 하였다.

소비자들은 결혼중개업소와 계약 시 가입비, 계약기간, 약정 만남 횟수 등 약정내용을 꼼꼼히 확인 후 서명을 해야 한다. 특히 '성혼시까지 무제한'이라고 명시되어 있다면 정확한 만남 횟수를 기재해야 하며, 중도 해지 시 '환급 불가' 등 자체 약관을 근거로 환급을 거부하거나 소비자에게 불리한 환급 규정을 적용하는 업체는 피하고 가급적 공정거래위원회 표준약관을 사용하는 업체를 이용한다. 또한 별도의 조건을 계약한 경우이거나 계약서 내용과 설명이 다를 경우 그 내용을 계약서에 기재해 줄 것을 요구해야 한다.

우리 단체에서 2019년 국내결혼중개업과 국제결혼중개업의 현장조사를 해본 결과, 국제결혼중개업의 경우에는 사업자 의무사항 위반 시 행정조치가 강화되어 잘 이행되는 것으로 확인되었으나, 위 표와 같이 국내 결혼중개업의 경우에는 자본금 요건, 교육수료가 의무사항이 아니다 보니 중도해약시 소비자분쟁해결기준에 의한 환불 규정과 국내결혼정보업체의 계약서 교부 의무사항 등 사업자의 교육이 절실한 것으로 보인다 ▲국내결혼중개업 또한 자본금 요건 충족시 신고 가능▲ 국내결혼중개업자 및 종사자가 법에서 정한 교육 수료와 수료증 사본 확인의 법적인 제도보완이 필요하다.

결혼중개업법에 따른 결혼중개업의 자본금요건 및 교육수료 사항

구분	투자자문회사	유사투자자문업
보증보험 가입	공통) 손해배상책임의 보장 2천만 원 이상을 보장하는 보증보험에 가입해야 하며 분사무소를 두는 경우에는 분사무소당 1천만 원을 추가 ※예시)주사무소 1곳(2천만 원), 분사무소 3곳(3천만 원)에 대한 합계금액 5천만 원을 주사무소 대표가 보증보험에 가입	5천만원 이상을 보장하는 보증보험에 가입해야 하며 분사무소를 두는 경우에는 분사무소당 2천만 원 추가 ※예시)주사무소 1곳(5천만 원), 분사무소 2곳(4천만 원)에 대한 합계금액 9천만 원을 주사무소 대표가 보증보험에 가입
자본금 요건	해당사항 없음	중개사무소별 1억 원 이상 등록 이후에도 자본금을 계속 유지 필요 ※(예시)주사무소 1곳(1억 원 이상), 분사무소 2곳(2억 원 이상)에 대한 합계금액 3억 원 이상의 자본금 필요
교육수료 여부	해당사항 없음	법에서 정한 교육을 수료하고, 수료증 사본(교육실시기관에서 발행) 확인

사건 9) 아파트 내 설치된 통신설비시설 전기요금, 입주민에게 전가

"이동통신 사업자가 부담해야 할 아파트옥상 통신중계기 전기요금을 우리 아파트 입주민이 몇 십 년간 내고 있습니다. 이를 고발하고 싶습니다."

2019년 7월 초, 더운 여름날 잔뜩 화가 난 아파트 관리사무소 이○○ 소장의 전화를 한통 받았다. 이○○ 소장은 500세대가 거주하고 있는 아파트의 관리소장을 맡고 계신다고 했다. 아파트 입주민들의 안전과 편안한 주거공동체를 위해 책임을 다하고 있다는 이○○ 소장은 거대통신회사가 부담해야 할 통신요금을 아파트 주민들이 공동전기료로 납부하고 있다며 있을 수 없는 일이라며, 이를 알리고 싶다고 말씀하셨다.

아파트 입주민들이 이용하는 인터넷 통신망, 이동통신서비스의 원활한 통신을 위하여 설치된 수십 개의 통신설비시설들이 아파트 내 지하실, 지하주차장, 옥상 등 곳곳에 설치되어 있다. 이러한 기계에서 발생된 전기요금을 일부는 통신사에서 지불하고, 일부는 눈속임하여 아파트 입주민에게 공동전기료로 전가하고 있다는 내용이었다.

어떻게 이런 일이 있을 수 있는가? 우리 전북지역의 아파트 입주민, 즉 소비자 또한 피해를 입고 있는 것은 아닐까? 의구심이 들었다.

의구심을 곧바로 실행에 옮겼다. 이 사실을 알린 목포 아파트 관리사무실 소장을 직접 모시고 우리 단체의 실무자, 소비자 전문 모니터요원들과 전주에 있는 몇몇 아파트를 선정하여 현장 실태조사를 진행했다. 2019년 7월 24일부터 10월 31일까지 전북지역 8개 아파트 실태조사를 진행하고 전라북도 아파트 거주 도민 620명 대상 소비자인식조사 및 전라북도 내 아파트 관리사무소 109곳을 대상으로 설문조사를 진행했다.

<실태조사 결과>

조사결과, 아파트 통신설비 시설에 대한 전기요금이 정확한 산출되지 않고 있었다. 전북지역 8개 아파트 조사결과[9]는 총 131개, 이중에서 전기 계량기는 33.6%인 44개만 설치되어 있는 것으로 조사되었다.

나머지 87개의 장비는 아파트 관리사무소에서 대표 전기계량기×초고속인터넷 분배장치 대수를 계산하여 매월 통신사에 청구하고 있었다. 또한 이동통신 3사의 이동통신중계기[10]에 전기계량기가 설치되어 있는 경우는 36개 중 7대만 전기 사용량을 확인할 수 있는 계량기가 설치되어 있었고, 이동통신중계기의 경우 계량기가 없는 경우에는, 연간 전기 사용량을 최저 80,000원부터 최고 390,000원까지 통신사에 청구하는 것으로 조사되었다.

통신사들은 아파트 통신설비 시설의 장소이용료를 전혀 부담하지 않고 사용하고 있었다. 조사한 8개 아파트는 통신설비시설에 대한 전기요금 이외 아파트 장소이용료(옥상중계기 제외) 및 변압기 공동 이용료 등을 전혀 청구하지 않고 있었다.

---

9) 초고속인터넷 분배장치 초고속 인터넷 분배장치: 인터넷 통신서비스의 원활한 사용을 위한 설비로 보통 아파트 통신실과 아파트 단지 내 지상, 지하 등 통신사별로 여러 대가 분포되어 있음.

10) 이동통신중계기: 이동통신 3사는 통화 품질 장애 지역에서 이동통신(휴대폰)서비스를 원활하게 이용할 수 있도록 가정 및 아파트 옥상, 지하주차장 등 중계기를 추가로 설치하여 통화품질장애를 최소화하고 있다.

이동통신 중계기 전기요금, 약정서, 장소이용료 등 별도 비용 청구 현황

(단위 : 원,대수)

조사 아파트 조사	세대수	중계 기수	계량 기수	이동통신 중계기 전기요금 청구 현황								
				KT			SKT			LGU+		
				연전기 요금	약정서	별도 비용	연전기 요금	약정서	별도 비용	년 전기 요금	약정서	별도 비용
A	480	15	2	390,000원	있음	없음	350,000원	있음	없음	360,000원	있음	없음
B	390	8	0	120,000원	있음	없음	100,000원	있음	없음	237,360원	있음	없음
C	488	3	3	모자분리	있음	없음	모자분리	있음	없음	모자분리	없음	없음
D	428	5	0	200,000원	있음	없음	230,000원	있음	없음	90,000원	있음	없음
E	346	5	0	80,000원	있음	없음	110,000원	있음	없음	80,000원	못 찾음	없음
총합	2,132	36개	5개	출처:(사)한국여성소비자연합 전북지회, 한국소비자단체협의회 월간지 (2020년 1, 2월호)								

<소비자 설문조사 결과>

아파트 현장 실태조사에 이어 전라북도 14개 시·군 아파트 입주민 620명을 대상으로 인터넷통신 및 이동통신을 이용해 본적 있는 소비자를 중심으로 면접조사를 진행했다.

아파트 단지 내 초고속 인터넷 분배장치에 대한 전기사용료를 인터넷 통신사업자가 부담해야 되는 이유에 대해 알고 있다고 응답한 응답자는 247명이었다. 응답자 중 인터넷 서비스를 판매하기 위해 제공해야하는 기본 장치이므로 104명(42.1%), 인터넷 이용요금에는 인터넷 통신 기반 시설비까지 포함하여 소비자가 납부하므로 86명(34.8%), 원활한 인터넷서비스 이용을 위한 장비이므로 54명(21.9%), 기타 3명(1.2%) 순으로 응답하였다.

전북의 14개 시·군의 109개 아파트 관리사무소를 대상으로도 설문조사를 진행했다. 통신설비시설의 전기요금 청구방법을 질문하자, 관리사무실에서 통신설비시설 전기요금을 매월 통신사에 공문 팩스 발송하는 경우가 68곳(62.4%), 각 통신사 인터넷 시스템에 관리사무소에서 직접입력하는 경우 12곳(11.0%), 모자 분리되어(*아파트 관리사무소의 공동변압기에서 별도 통신사 전기계량기가 분리되어 있어 한전에 직접 요금 납부방법) 통신사에서 직접 한전에 전기요금 납부하고 있는 경우는 49곳(45.0%), 기타 응답 11곳(10.1%) 순으로 확인되었다.

통신설비시설 전기요금이 적정하지 않다고 답변한 관리사무소는 9곳이었는데, 그 이유로는 아파트 단지 내 통신장비가 제대로 파악되지 않은 것 같아서 3곳(33.3%), 더 많은 전기요금이 발생되는 것 같아서 2곳(22.2%), 아파트 공동전기를 사용하는지도 모르기 때문에 2곳(22.2%), 매월 전기사용량을 검침해서 청구해야 되는 인력소모도 있으므로 1곳(11.1%), 기타(통신사 장비 시험성적서 때문에) 1곳(11.1%) 순으로 확인되었다.

2019년 11월 14일 과학기술정보통신부 발표에 따르면 정부는 밀집된 공동건물에서 재난 상황 발생 시 통신 음영 지역 최소화를 위해 2017년 5월 이후 사업승인을 받은 500가구 이상 아파트와 16층 이상 다중 이용 건축물, 도시철도 시설에 중계기 설치를 의무화했다. 또 설치비용의 경우 전기선 등 '선로설비'는 건물주, 중계기와 안테나 장비 등 '중계설비'는 이동통신사가 각각 부담토록 규정했다.

우리 단체에서는 위 조사결과를 토대로 2019년 11월 26일 「아파트 통신설비시설 전기요금, 일부 통신사 입주민 전가에 따른 토론회」를 진행했다. 이 토론회를 통해 대한주택관리사협회 전북도회에서도 문제인식을 하고 서울연합회에 건의하여 구체적인 실태파악 및 대안 방안을 마련한다는 방침이었다.

당시 소비자단체에서 처음으로 아파트 통신설비 전기요금문제에 대해 언론보도를 하여 다양한 곳에서 문의가 들어왔고 큰 이슈로 떠올랐다.

본인 또한 아파트에 살고 있는 입주민으로서, 생전 처음으로 컴컴한 아파트 지하실을 조사해봤다. 어떤 곳은 불도 들어오지 않아 손전등을 켜야지만 겨우 앞이 보이고 더운 날씨에 모기떼의 공격을 받기도 했다. 땀으로 뒤범벅이 되어 통신장비가 어디에 있는지 지하실이며, 옥상을 일일이 찾아다니며 조사하는 일은 두 번 다시는 하고 싶지 않았다.

입주민들의 관리비가 허투로 사용되지 않도록 꼼꼼히 관리하고 자신의 맡은 바 업무에 최선을 다하는 관리소장님이 계셨기에 문제인식이 가능했고, 실태조사와 설문조사 등을 통한 사실관계 확인까지 본 단체였기에 가능한 조사였다고 생각한다.

<관련 법규 및 중계기의 전기료 부담원칙>

전기통신사업법 제69조(구내용 전기통신선로설비 등의 설치) ①건축법 제 2조제1항제2호에 따른 건축물에는 구내용 전기통신선로설비 등을 갖추어야 하며, 제72조(토지등의 사용) ①기간통신사업자는 미리 그 토지등의 소유주나 점유자와 협의하여야 한다. 제74조(토지에의 출입) ①출입하려는 곳이 주거용 건물인 경우에는 거주자의 승낙을 받아야 한다.

미래창조과학부는 2013년 10월부터 이동통신 3사(SKT, KT, LGU+)가 건물 안 또는 지하 주차장 등에 설치한 중계기의 전기요금납부 현황에 대한 실태조사를 실시하였고, 실태조사를 바탕으로 아래와 같은 전기료 부담원칙을 마련하게 되었다.

이통3사 중계기의 전기료 부담원칙 주요 내용

- 건물 옥상 등 옥외에 설치된 중계기: 이동통신사업자가 부담
- 건물내에 설치된 중대형 중계기(공중선 전력이 1MHz당 10mW 이상) : 이동통신사업자가 부담하는 것을 원칙으로 함(다만, 건물주가 주로 사용하는 경우로서 건물주의 요청에 따라 별도 계약을 체결한 경우에는 별도 계약에 따름.)
- 건물내에 설치된 소형/초소형 중계기(공중선 전력이 1MHz당 10mW 이하) : 건물주가 부담하는 것을 원칙으로 함(다만, 이용자와 사업자가 별도 계약을 체결한 경우에는 별도 계약에 따름.)

(출처: 미래창조과학부/2013. 12. 20)

사진) (좌)초고속 인터넷 분배장치만 있어 전기사용량을 알 수 없는 사진과 (우)분배장치와 전기계량기가 연결되어 전기사용량을 확인할 수 있는 사진 비교

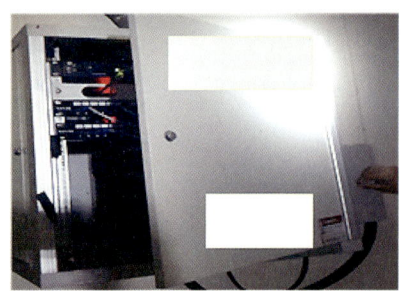

초고속 인터넷 분배장치만 있어 전기 사용량을 알 수 없음.

초고속 인터넷 분배장치와 전기계량기 연결되어 있어 전기 사용량을 알 수 있음.

보도일자: 2019년 11월 27일, 보도신문: 전라일보

아파트 입주민 통신설비전기료 '덤터기'

'중계기·초고속 인터넷 분배장치' 전기료 관련 토론회

26일 소비자연 전북지회 주최 아파트 통신시설 전기요금 일부 통신사 입주민 전가에 따른 토론회 참석자들이 발언을 하고 있다.

소비자연 전북지회, 8개 아파트 거주민 620명 설문 등 실태 조사 90% '전기료 '이통사' 부담'에도

공동 전기료로 수년 간 납부접수 장소·변압기 사용 모두 미청구 김광수의원 "국회 법제화안 노력"

공동주택에 설치된 중계기와 초고속 인터넷 분배장치의 전기요금 부담을 놓고 여전히 명확한 기준이 없어 통신사와 사용자간의 분쟁이 이어지고 있다.

이러한 가운데 아파트에 설치된 통신 시설의 정확한 소비전력량을 기계별로 파악해 통신사가 부담하도록 하는 전기요금 부담 원칙을 마련해야 하는다는 주장이 제기됐다.

26일, 한국여성소비자연합 전북지회(소장 김보금) 3층에서 '아파트 통신설비시설 전기요금 입주민 전가에 따른 토론회'가 개최됐다.

지난 24일 과학기술정보통신부 법령에 따르면, 정부는 김집합 공동건물에서 매나 상황 발생시 통신 음영 지역 최소화를 위해 2017년 이후 사업승인을 받은 500가구 이상 아파트에 16층 이상 다중 이용 건축물, 도시 철도 시설에 중계기 설치를 의무화 했는다.

또한, 설치비용 역시 중계기와 안테나 장비 등 '중계설비'에 대한 이동통신사가 부담하도록 명시했는데 문제는 이 규정이 제대로 지켜지지 않고 아파트 입주민들이 공동전기요금으로 수년 동안 암묵적으로 부담해왔다는 문제가 접수된 것이다.

소비자연은 지난 7월 24일부터 10월 31일까지 전북지역 8개 아파트를 실태조사하고 아파트 거주민 620명, 관리사무소 100곳을 대상으로 설문조사를 진행했다.

그 결과, 초고속 인터넷 분배장치의 사용료의 주체가 누구인지 아느냐는 질문에 관련이 넘는 50%의 주민들이 잘 모른다고 답했다. 하지만 아파트 단지 내 이동통신 중계기 등 통신설비시설의 전기요금은 이동통신사가 부담해야 한다는 것에 대해선 90%가 넘는 주민들이 그렇다고 답하면서 인식과 제도의 괴리가 발견되기도 했다.

특히, 조사된 8개 아파트 모두 통신시설에 대한 전기요금 외에 아파트 장소이용료 및 변압기 공동 이용료 등은 전혀 청구하지 않은 것으로 조사돼 통신설비시설에 대한 전기요금 산출 내역 및 기기별, 설치장소 등 세부내용을 포함한 표준 약정서 보급이 시급한 것으로 조사됐다.

토론에 참석한 김광수 의원(민주평화당, 전주시 갑)은 "그간 초고속 인터넷의 경우 비용분담에 대한 가이드라인이 없어서 주민들은 알지도 못한 채 공동전기료를 부담해 온 것이 현실이기에 국회에서도 법제화할 수 있는 방안에 대해 노력해 보겠다"고 말했다.

김보금 소장은 "전북사회만 한 해에 3건 간의 소비자피해 접수되는데 이번 경우도 소비자들의 경제적 손실과 더불어 권리를 찾아달라 우려가 큰 사안이었는다"며 "추후조사를 이번 12월 한 달간 이어서 통신설비시설 전기요금 관련 교육을 진행할 예정이다"라고 답했다. /음민희기자 · mnhong252@

보도일자: 2019년 11월 27일, 보도신문: 전북일보

아파트 통신시설 전기료 입주민에 전가
(초고속인터넷 분배장치 등)

일부 이동통신사업자 전기 계량기 설치 안해
피해액 수천만원 추정, 세대당 금액 파악 못해
여성소비자연합 전북지회, 도내 8개 아파트 조사 결과

전북지역의 일부 통신사업자들이 지난 5년간 적게는 수만 원 대부터 많게는 수십만 원까지 통신설비시설 전기 사용료를 아파트 입주민들에게 전가한 것으로 드러났다.

《사》한국여성소비자연합 전북지회가 전북지역 8개 아파트(최대 702세대) 대상으로 설치된 초고속인터넷 분배장치를 조사한 결과 총 131개 중 44개(33.6%)에만 전기 계량기가 설치됐고 계량기가 설치되지 않은 나머지 87개 장비의 전기 요금은 아파트 입주민의 공동 전기 요금으로 수년간 부담한 것으로 나타났다.

소비자연합은 통신사업자들이 수년간 통신설비시설 전기요금을 부담하지 않았다는 상담이 접수되면서 아파트 거주민 620명과 109곳의 아파트 관리사무소 등을 면담 조사한 결과 이 같은 결론을 얻었다.

이는 전기 통신사업법에 해당하는 아파트의 기계실, 지하주차장, 지하실 등 통신설비시설이 설치된 장소이용료와 변압기 공동이용료는 통신사에서 지급해야 한다는 규정을 위반한 것이어서 향후 주민들의 거센 저항이 예상된다.

소비자연합은 이렇게 입주민들이 부담한 연간 전기 사용 금액이 아파트 단지별로 8만 원에서 33만원에 이르는 것으로 추산하고 있다.

것은 수천만 원에까지 이를 것으로 추정되는 피해금액이 세대당 얼마인지 정확하게 파악하기가 사실상 어렵다는 점이다.

전기선 등의 선로설비는 건물주 또는 중계기 안테나 장비 등 중계설비는 이동통신사가 각각 설치비용을 납부하도록 하는 정부규정이 마련돼 있지만 이동통신 중계기의 전기료 부담원칙에 대해서만 다뤄졌을 뿐 초고속 인터넷 분배장치 등의 전기료 부담원칙에 대한 세분화된 가이드라인이 없고 실질적으로 사용된 전기 사용량을 세대별·통신사 별로 일일이 확인하기에는 현실적으로 어려운 실정이다.

한국여성소비자연합 전북지회는 "관리사무소와 입주민들이 적극적으로 아파트에 설치된 통신 설비시설에 소모되는 전력량을 통신사별로 파악해야 한다"면서 "초고속 인터넷 분배장치 등의 구체적인 전기 요금 부담원칙과 이동통신 중계기의 소통·초소형의 전기료를 간물주가 납부하는 원칙에 대해서도 개선이 필요하다"고 지적했다.

한편, 단체는 이와 관련해 내년 1월 전남남부 매수 수요일에 아파트 관리사무소, 입주자대표회의 대상으로 자체 내 아파트 통신설비 시설 전기요금 관련 전기요금 조사방법, 표준계약서 등의 교육을 진행할 예정이다.

김선찬 기자

사건10) 음식물 이물질로 인한 치아 파손, 치료비 배상 청구

"고기국밥을 먹다 이물질을 씹어 치아가 상했어요. 치료비만 160만 원인데 사장님은 나 몰라라 하네요! 어쩜 이럴 수 있습니까?"

50대 김○○ 씨는 지난해 5월 어느 날, 지인을 만나 동네 음식점에서 고기국밥 2인분을 주문했다. 맛있게 식사를 하던 중 '으드득' 뭔가 씹히더니 어금니에서 큰 통증이 느껴졌다. 다름 아닌 고동의 껍질로 추정되는 이물질이 확인되었고, 즉시 직원에게 이 사실을 알렸다.

다음날 치아 통증으로 치과병원을 찾은 김○○씨는 치아가 깨져 심하게 손상된 상태이므로 임플란트 시술을 받아야 한다는 의사의 소견을 받고, 음식점 사장에게 치료비 160만 원 배상을 요구했다.

사장의 답변은 'NO'이었다. 음식장사 10년 동안 이런 일은 처음 겪어 본다며 배상을 못해주겠다고 태도가 돌변했다. 사장님은 고기국밥 몇 그릇을 팔아야 160만 원을 벌수 있을까? 사장님의 입장은 충분히 이해가 된다. 예상치 못한 사고로 인해 음식 값의 200배 이상을 배상을 해야 하니, 그 속은 얼마나 답답하고 허망할까 안타까운 마음이 든다.

그러나! 소비자에게는 '안전할 권리'가 제일이다. 그리고 음식점의 사장 입장에서는 '식품위생'이 제일이다. 당연히 음식업소에서의 책무를 다하지 못해 발생된 사고라면 소비자 피해에 대해 보상을 해줘야 한다.

화가 난 김○○ 씨는 식당소재지 관할 구청 위생과에도 민원을 접수하고, 피해배상을 위해 본 단체에 마지막으로 문을 두드렸다고 했다. 사장님은 이물로 추정되는 고동껍질 종류를 전혀 취급하지 않고, 소비자가 통화할 때마다 치아 위치를 다르게 이야기한다며 피해 소비자를 오히려 블랙컨슈머로 몰아가며 치료비 배상을 해줄 수 없다고 주장했다. 김○○ 씨가 음식점 현장에서 직원에게 이물상황을 알리고, 치아에 통증이 있다는 점, 치과진료 후 협의를 하기로 했던 점 등의 상황과 의사의 진단 및 소견을 종합해 볼 때 고기국밥에서 나온 이물임이 합리적으로 판단되는 상황이었다. 이에 해당 음식점과 가맹본점과의 협의를 통해 총 180만 원 치료비를 배상받는 것으로 합의가 성립되었다.

지난해 12월 프랜차이즈 족발집에서 배달된 부추무침 안에서 살아있는 작은 쥐가 발생된 사건이 있었다. 그리고 몇 해 전 기생충알 중국김치에 이어 올해에는 중국산 알몸 김치 파동으로 식품위생, 이물에 대한 소비자의 불안과 분노가 커지고 있다.

식품의약품안전처가 최근 5년간(2016년~2020년) 식품 이물 신고 현황을 분석한 결과에 의하면, 전체 신고 건수의 41.4%가 벌레(28.1%)와 곰팡이(13.3%)다. 그 다음은 금속(9.2%), 플라스틱(7.7%) 순으로 나타났고, 식품안전정보원에서 식품안전과 관련된 소비자 신고·접수 정보를 분석한 '2019 불량식품 유선신고 동향보고서'에 따르면 불량식품 유선신고는 총 1만 1176건으로 신고내용별로는 이물발견(2494건, 22.3%)이 가장 많았으며 뒤를 이어 유통기한 경과·변조(1526건, 13.7%), 제품변질(760건, 6.8%) 순이었다. (출처: 식품안전정보원/2020. 7. 7. 보도자료)

다시 한 번 강조하지만 소비자의 첫 번째 권리는 안전할 권리이다. 위생 논란에 음식점 불신이 확산되고 소비자들의 불안이 가중되지 않도록 음식업소의 철저한 위생 관리와 식품 안전에 더욱 관심이 필요하다.

<관련 법규>

— 소비자기본법 제2절 사업자의 책무 등

제19조(사업자의 책무) ① 사업자는 물품 등으로 인하여 소비자에게 생명·신체 또는 재산에 대한 위해가 발생하지 아니하도록 필요한 조치를 강구하여야 한다.

⑤ 사업자는 물품등의 하자로 인한 소비자의 불만이나 피해를 해결하거나 보상하여야 하며, 채무불이행 등으로 인한 소비자의 손해를 배상하여야 한다.

<소비자 주의사항>

식품이 제조 또는 유통·소비되는 과정에 이물이 불가피하게 혼입되는 경우가 있으므로 식품에서 이물 발견 시 소비자 주의가 필요하다.

식품 이물 발견 시 소비자 대응 요령으로는 우선 이물이 무엇인지 살펴보고, 식품을 보관 또는 조리하는 과정에서 이물이 들어갈 수도 있는지 주위를 잘 살핀다. 식품 포장지 및 구매 영수증을 함께 보관하고, 가능하면 이물과 남은 식품의 사진을 찍어 둔다. 이물과 이물이 발견된 제품을 잘 밀봉하고, 이물이 분실·훼손되지 않도록 주의한다. 식품 이물 신고는 부정불량식품 신고센터 국번없이 1399번으로 신고하고,

이물로 인해 다쳐서 피해 보상의 협의를 원하는 경우에는 우선 구입처, 제조사, 음식점인 경우에는 해당 음식점으로 먼저 협의를 해본 후 피해 구제에 대한 상담 및 중재는 1372 소비자상담센터 국번없이 1372, 식품의약품안전처 1399로 문의한다.

고기국밥 음식에서 나온 실제 이물사진

이물 사진

 확대 →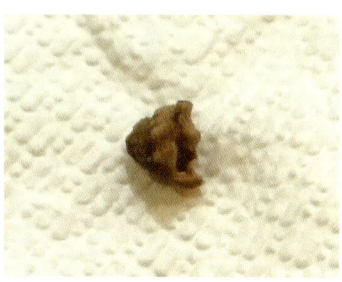

〈※ 정보 나눔〉
소비자 전문 상담가 되기

요람에서 무덤까지 소비자가 아닌 사람은 없다. 우리의 모든 일상은 소비로 시작해 소비로 끝난다 할 수 있다. 그래서 버는 것보다 쓰는 게 더 중요하다는 말이 있는 것 같다. 소비가 중요시되면서 소비자권익, 소비자 만족, 소비의 삶의 질 향상이 그 어느 때보다 중요한 시대가 되었다. 이러한 시대에 부합한 전문인력이 필요한데, 이러한 전문 인력이 바로 소비자전문상담사라고 할 수 있다.

필자의 사무실 활동가는 8명이다. 그 외 다양한 조사활동과 소비자상담업무를 진행하는 소비자전문모니터가 약 20여명이다. 소비자상담파트를 담당하는 직원과 모니터 중 소비자전문상담사 1급, 2급 자격을 취득한 사람만 7명이다. 자격증이 모든 걸 말해주는 건 아니지만 그 분야의 전문가라는 이미지와 자격증을 준비하는 과정에서의 노력과 성장을 분명히 가져올 수 있다. 특히, 소비자상담 분야는 현장에서 이론과 실기가 겸비되어야만 원활한 상담이 가능할 수 있다. 이에 관련 자격증 및 취업 방향 등을 소개한다.

소비자 전문 상담사

현대사회에서 기업들이 제공하는 다양한 형태의 제품의 제품과 서비스에 대한 소비자의 의견을 수렴하고, 소비자들이 가지는 불만과 문제점을 해결하는 등 소비자권익보호에 대한 관심이 높아졌다. 이에 따라 유사한 피해를 예방하고, 기업의 매출 증대와 이미지 제고에 기여하고자 2003년 신설된 국가자격제도이다. 소비자가 제기하는 다양하고 복잡한 문제들을 상담으로 원활히 해결하는 전문 인력을 말한다.

소비자상담사의 주요 업무

소비자단체 및 기업, 행정기관의 소비자관련 부서에서 물품과 용역 등에 관한 소비자 불만 및 피해 상담, 모니터링, 소비자 교육 프로그램의 기획 및 실시, 소비자 조사 등 소비자 복지 향상을 유도하는 업무를 수행하게 된다.

소비자상담사의 진로

- 소비자단체, 한국소비자원, 행정기관(광역단위 소비생활센터), 소비자관련 언론사 등으로 진출 가능.
- 기업의 고객상담센터, 고객만족실, 콜센터 등에 취업 가능.
- 국가기술자격법에 의해 공공기관 및 일반기업 채용시 보수, 승진, 전보 및 신분보장 등에 있어서 우대 받을 수 있다.

출제경향

소비자 불만 및 물품, 서비스 등의 구매, 사용방법 등을 상담할 수 있는 능력 및 시장조사 및 각종 정보를 수집하고 보고서를 작성할 수 있는 능력 평가.

취득 방법

- 시행처: 한국산업인력공단
- 응시 자격
  · 2급 - 제한 없음.
  · 1급 - 소비자전문상담사 2급 자격취득 후 소비자상담 실무경력 2년 이상

인 사람, 소비자상담 관련 실무경력 3년 이상인 사람, 외국에서 동일한 종목에 해당하는 자격을 취득한 사람.

시험과목 (2급)

− 필기

필기과목	문항 수	주요 항목
소비자 상담 및 피해구제	25	1. 소비자 상담의 개요 2. 소비자단체와 행정기관의 소비자 상담 3. 기업의 소비자 상담 4. 구매 단계별 소비자 상담 5. 효율적인 상담을 위한 기술 6. 소비자를 이해하기 위한 기술 7. 상담접수와 처리기술 8. 소비자분쟁해결기준과 상품 및 서비스의 피해구제
소비자 관련법	25	1. 민법기초 2. 소비자보호 관련 법률
소비자 교육 및 정보제공	25	1. 소비자교육의 의의와 방법 2. 유형별 소비자 문제와 교육 3. 소비자교육 프로그램 설계의 원리와 적용 4. 소비자정보의 이해 5. 소비자정보제공과 고객관계 유지를 위한 교육
소비자와 시장	25	1. 시장환경의 이해 2. 기업의 마케팅활동과 소비자 주권 3. 소비자의사 결정의 이해

(출처: 한국산업인력공단: http://www.q-net.or.kr/ 적용기간 2019. 1. 1.~2022. 12. 31.)

− 실기(소비자상담 실무)

주요항목	
1. 마케팅전략계획 수립	2. 소비자 정보 구축
3. 소비자 통계조사 계획	4. 소비자 자료 관리
5. 소비자 상담	6. 고객지원과 고객 관리

소비자전문 상담사 역할과 능력

소비자상담사의 역할

- 소비생활에 관련된 다양한 정보제공
- 소비자에게 서비스를 제공
- 소비자문제의 해결
- 소비자교육기능의 수행
- 기업과 소비자 사이의 의사소통
- 소비자 욕구의 기업에의 반영
- 소비자행정의 문제점에 관한 정보수집 및 정책수립시 반영

소비자상담사의 업무내용

- 소비자불만처리
- 소비자정보제공
- 소비자교육
- 소비자정보수집 및 분석
- 시장에서의 조사 · 감시활동
- 소비자 이용 자료의 개발
- 판매 촉진 및 홍보 활동 등

소비자상담사의 요구능력

인간적 능력	전문적인 능력
- 원만한 성품, 온화한 표정, 문제해결을 위한 인내심·이해력 - 올바른 판단 능력 - 소비자를 도우려는 노력	- 소비자의 문제해결을 위한 필요한 지식 - 커뮤니케이션과 상담능력 - 상담의 핵심원리를 이해 - 고객만족경영을 추구

제3장
작은 정책들

제3장
작은 정책들

정치적 소비자운동이 소비자들이 추구하는 가치가 평소의
일상적 삶에 녹아들어 일상적 실천이 이루어질 때
의미가 있고 효과를 볼 수 있다.
- 강준만(쇼핑은 투표보다 중요하다)

소비자정책이 만들어가는 과정

2020년 1월 故 정광모 회장님이 몸담으신 한국소비자연맹의 50주년 기념책자와 함께 회장님의 유고집이 발간되었다. 그 내용 중 1969년 12월 6일 국제소비자연맹회장이자 미국소비자연맹회장인 '컬스턴 E. 완(Colston E.Won)' 박사가 한국을 방문했고 강연회에서 노동운동이 19세기 발견이라면 소비자운동은 20세기의 위대한 운동이라고 말하였다. 그리고 소비자운동은 여성운동이 아니라 사회운동이며 여러 분야의 참여와 전문성을 제공받아야 한다고 강조하였다.
(소비자 생각 생각을 깨우다 행동을 이끌다. 2020년 1월. 한국소비자연맹 P37)

작은 목소리였지만 그동안 우리단체가 펼친 다양한 정책은 소비자 운동과 함께 사회 운동이었음을 알 수 있다.

정책입안이란 어떤 수단이 어떤 효과가 있는가 사실판단과 그 담당 주체에 대한 능력 판단을 종합하여 당면한 상황에서 실행 가능한 선택안을 설정하고 국민적 이익이라는 목표에 실질적으로 부합될 수 있도록 다양한 선택안 중에서 최적의 방책을 선정하는 행위이다. (다음백과)

특히 소비자정책은 소비자영역이 대단히 포괄적이기 때문에 해석에는 학자에 따라 다르지만, 소비자정책을 광의로 보면 '소비자의 복지를 증대 시키기 위한 정부활동'이라고 정의할 수 있다. (소비자법과정책 김영신 외, 교문사 2007, p35.)

또한 정책을 수립하는 것은 입법부나 국회를 통하여 정책이 생산될 수 있지만 국민들의 필요성에 의하여 국민 스스로나 시민단체를 통해 또는 언론을 통해 아래에서부터 정책이 만들어질 수 있다. 예를 들어 호주제폐지 등이 좋은 예이다.

필자는 소비자 현장에서 소비자 피해를 상담하면서 또는 지역사회 현안문제에서 정책을 제안한 몇 가지 사례를 살펴본다.

1. 돌반지에는 풍남문마크를!

금싸라기 같은 우리 아들, 딸….

이 정도로 금은 귀하고 최근에는 재산증식의 투자 항목까지 되었다. 조○○ 씨는 아이 돌반지 5개와 결혼식 때 받은 목걸이를 개인사정으로 다시 팔려고 시내 금은방을 찾았다가 분개하며 우리 소비자상담실을 찾았다.

분명 24k 순금으로, 돌반지를 선물 받았고, 목걸이는 당시 시세에 맞게 혼수로 준비했다가 되팔려고 보니 금 함량도 부족했지만 무게까지 차이가 나 구입 대비 40% 이상 가격차이가 나는 불만이었다. 이러한 불만은 많은 건수는 아니지만 반복적으로 접수되는 사례였다. 이는 전주만의 문제가 아니라 전국적인 문제였다.

이럴 때 해결 방법은 검사다. 어렵게 제품 구입비를 만들어 전주시와 군산시, 익산시 각각 4개소 총 12개 업소를 직접 방문하여 돌반지 6개와 목걸이 6개를 구입하였다. 물론 품질보증서도 받았다. 검사는 1986년도 8월이었고, 당시 전주시에는 135개의 금은방이 있었으며 전북 14개시·군에는 447개의 금은방이 있었다.

예산이 한정된 상황으로 일부만 수거된 것이다. 검사항목은 함량과 중량이었다. 함량은 24k라면 금 함량이 99.99%가 되어야 하며 1돈이라면 3.75g이 정상이다. 검사 신뢰성을 높이기 위해 한국동력자원연구소까지 방문하여 직접 검사를 의뢰하였다.

함량 분석 결과를 보면 당시 공업진흥청 고시 제82-15호에 따르면 18k순도는 75%, 24k는 99.9%가 되어야 한다. 또한 법적 허용오차를 -0.3%를 적용하여도 '전주금방' 한 업소를 제외하고는 전체가 미달로 나타났다. 순도에서 심지어 −23.3% 부족한 것으로 나타나 특히 18k의 경우 합금과정에서 소비자를 속이는 것으로 나타났다.

또한 무게인 중량을 보면 대부분 판매처에 저울을 비치하고 있어 소비자에게 확인 후 판매를 하고 있는 실정으로 중량은 함량보다 양호하였다. 이중 12개 제품 중 3개 제품이 중량이 부족한 것으로 나타났다.

이러한 결과가 지역 뉴스에서 보도되자 시민뿐만이 아니라 귀금속 사업자들도 크게 당황하고 방법을 논의하기 시작하였다. 당시에 귀금속업소는 고물상 허가증을 취득하면 개업이 가능한 상황으로 전주의 경우 135개소 중 43개 업소가 자체공장을 가지고 금제품을 제작하였고 나머지 업소는 주문 위주의 위탁 판매형태를 취하고 있는 형태이었다. 결국 정부에서 인증하는 홀마크 제도가 따로 규정이 없는 상황으로 전주에서는 풍남문[1]이라는 성벽 모양의 문이 있어 그 모양을 따서 전주 귀금속에는 풍남문 마크를 각인하자는 제안이 되었다. 이때 전국적으로 홍보가 되어 KBS TV 〈스튜디오 830〉까지 출현하게 되었다.

그러나 국가차원에서는 통일된 각인제도(Hall Make)가 있어야 전국적으로 유통이 가능했다. 전주에서 풍남문마크를 각인하던 귀금속 판매업중앙회 전주지부가 비용을 부담하여 풍남문 마크를 각인할 수 없는 상황으로 전국적으로는 3가지 인증마크가 통용되고 있는 실정이었다. (신문보도자료 / 우리 단체 5쪽 분석시험 보고서, 2005년도 KBS 전북일보 신문기사 등.)

통상적으로 소비자보호를 위해서는 다양한 기준들이 있다. 이는 인증마크나 품목별 소비자분쟁 기준들이다. 귀금속은 2007년 3월까지 적용된 '품질경영 및 공산품안전관리법'에서는 질량을 −0.5%까지 오차를 허용했기 때문에 그동

---

1) 전주 풍남문(全州 豊南門)은 조선 시대 전라감영의 소재지였던 전주를 둘러싼 성곽의 남쪽 출입문으로 성벽이 헐린 후에 유일하게 남아 있는 문이다. 1963년 1월 21일 대한민국의 보물 제308호로 지정되었다. (위키백과)

안 관행적으로 이 기준에 맞춘 제품이 유통됐다. '품질표시대상 공산품'으로 관리됐던 귀금속 제품은 안전과 관련이 없다는 이유로 2007년 3월부터 관리 대상에서 제외되었고, 허위 순도 표시나 저질 제품 수입 등에 따른 소비자 피해가 발생되자 2012년 KS 표준을 제정하여 2013년 7월 7일부터 적용되고 있다.

국제표준(ISO)과 외국에서는 순도표준만을 규정하고 있으나 한국산업표준*(KS: Korean Industrial Standards)은 귀금속 고유 특성을 저해하지 않는 범위 내에서 '제품표준'을 제정하여 품질향상을 유도하고 있다. 사)한국귀금속보석단체장협의회에서도 업계의 표준 준수 및 품질향상을 위하여 단체규정(KS D 9537)을 제정하여 운용하고 있다.

(한국산업표준(KS: Korean Industrial Standards)은 산업표준화법에 의거하여 산업표준심의회의 심의를 거쳐 국가기술표준원장이 고시함으로써 확정되는 국가표준으로서 약칭하여 KS로 표시한다.)

순도 기준

종류	표시문자	순도	비고
순괴(순금재료)	24K 또는 999.9	999.9	Gold bar
순금제품	24K 또는 999.9	999 이상	24K제품
순금제품	995	995 이상	땜 가공식품
금 합금	22K 또는 916 18K 또는 750 14K 또는 585 10K 또는 416 9K 또는 375	916 이상 750 이상 585 이상 416 이상 375 이상	합금 제품
백색금 합금	WG 18K 또는 WG 750 WG 14K 또는 WG 585 WG 10K 또는 WG 416 WG 9K 또는 WG 375	750 이상 585 이상 416 이상 375 이상	합금 제품
순백금 제품	Pt 999	999 이상	순백금 제품

※ 귀금속 합금의 순도표시는 1g 미만의 귀금속 가공품은 제외할 수 있다.

신문 보도자료

"믿고 찾는 風土 만들자"
道內 귀금속 業者들 세미나열고 다짐

純度 제대로 안지키는점 是認

◇도내 금은방 업자들이 세미나를 열고 순도가 제대로 안지켜지는 점등을 시인하는 한편 믿고찾는 업소만 들기를 다짐했다.

流通과정 복잡… 中間商 농간지적
古金 사용때는 철저 分析하기로
승인된 감정마크 確認후 구입을

〈許明淑기자〉

2. 녹색병원 인증제

병원주사기가 아이들 장난감으로···

"세상에나 병원 주사기가 어떻게 문방구에서 팔릴 수 있나요?"

초등학교 앞 문방구에서 50cc정도의 큰 주사기에 침선과 주사바늘을 빼고 주사기 몸통에 파랑색, 빨강색등 알록달록 물감을 넣고 완구로 판매하고 있다는 상담이다.

문득, 병원에서 배출되는 주사기나 수액병이나 수술중 배출되는 인체 적출물에 대한 처리가 궁금하였다. 또한 각종 사진촬영 과정에서 배출되는 화학물질, 방사선폐기물과 수술 중에 입은 환자복 등은 어떻게 폐기되는 정보가 없었다. 또한 다양한 폐기물은 동물병원에서도 배출이 되기 때문에 2004년도 처음으로 전북대학교부속병원과 예수병원 등 2개의 종합병원과 일반 병원 18개 의원 30개, 동물병원 11개 등 총 61개의 병원을 직접 방문하면서 폐기과정을 조사하였다.

처음 조사 시 어느 항목을 조사해야 하는지 샘플도 없는 상황에서 관련법규를 중심으로 자체 조사지를 만들어 전북대병원을 방문하였다. 그러나 병원측에서는 소비자단체에서 병원성폐기물을 왜 조사하는지 의아해 하였고, 모니터 조사자에게 주민등록증을 요구하고 감독기관인 환경부에 보고하는 등 우여곡절이 있었다. 그러나 조사 목적을 설명하자 나중엔 적극적으로 협조하였다. 결국 병원에서 배출되는 폐기물로 인하여 일반인들이 감염될 것을 예방하기 위하여 '감염성폐기물'로 정의하고 종류로는

　- 조직물류(인체 또는 동물로부터 적출되거나 절단된 물체, 동물의 사체 등.)

- 탈지면(인체 또는 동물의 피,고름, 배설물, 분비물 묻은 탈지면, 붕대, 거즈, 일회용 위생용품(기저귀,생리대 등)
- 폐합성수지(일회용주사기,수액세트,혈액백 등)
- 병리계폐기물(시험, 검사기관 등에서 사용한 배양용기, 폐시험관, 슬라이드 혈액병, 폐장갑 등.)
- 손상성 폐기물(주삿바늘, 수술용 칼날, 한방 침)
- 혼합 감염성폐기물(감염성폐기물 혼합되거나 접촉된 폐기물로서 다른 감염성폐기물로 분류되지 않은 폐기물) 등이다.

조사결과 감염성폐기물에 대한 전용용기를 대부분 사용하는 것으로 나타났다. 그러나 일부 의원과 동물병원에서는 일반쓰레기와 혼합으로 배출되고 전용용기의 사용년월일 기재를 45곳(69.2%)이 하지 않은 것으로 나타났다. 이는 동네 의원의 경우 전용용기에 폐기물이 꽉 차지 않아도 배출하고 새로운 전용용기를 비치해야 하는 경제적인 부담이 되는 것으로 나타났다.

현재 감염성폐기물 보관기간은 종합병원과 일반병원은 10일 이내, 의원과 동물병원은 15일 이내로 되어 있고 감염성폐기물 위탁처리업체에서 수거하는 방법이다. 이러한 방법을 개선하기 위해 2006년도 환경부에 협조공문을 요청하였고 의원급이 사용할 수 있는 작은 용기로 정책 제안하였고 재질도 골판지로 바뀌어 가격 내림에 효과가 있었다.

환경부 답변

2006년도 간담회 결과 환경부 질의 내용

1. 소형 전용용기(골판지, 1리터) 제작 보급을 위한 폐기물 관리법 개정 요구

   - 2006년 11월 16일 질의 답변 / 소형 용기 기준은 폐기물 관리법령 개정시 도입할 예정이라는 답변을 받음

   - 2007년 10월 확인 결과 / 담당 환경 사무관이 변경되면서 현재 입법예고 완료된 상태로 소형 용기 관련은 들어가지 않음. 11월까지 개정안을 다시 요청해 보도록 한다고 함. 올해 개정이 안될 경우 내년 개정 시 꼭 넣겠다는 답변을 받음

전북대학교병원 제1호 녹색병원 인증!

대부분 병원에서 감염성폐기물을 담당하는 직원들은 말단이나 협력업체 직원들이다. 그러나 병원에서 배출되는 다양한 폐기물은 수술실에서도 혈액을 채취하는 곳에서도, 방사선과에서도, 수많은 병상에서 주사기와 수액백이 배출된다. 이를 바르게 분류하고 폐기는 폐기물 담당 직원의 목소리만 가지고는 어렵다. 의사와 간호사 그리고 입원, 방문환자까지 협조해야만 가능하다. 특히 혈액검사 때 응고하기 위해 제공된 탈지면은 반드시 지정폐기물함에 버려야 하는데 화장실 쓰레기통에 버린다면 혼합폐기물이 된다.

전북지역에서 가장 병상수가 많은 병원은 전북대부속병원이다. 당시 업무담당자는 의사나 수간호사 등에게 병원성폐기물 분류배출에 대한 중요성과 협조

를 요청하였으나 쉽지 않다는 어려움을 호소하였고, 필자는 병원장을 방문하여 담당자의 역할과 권한을 명확히 하고 병원 내 교육기회와 감독역할에 대한 권한을 요청하기까지 하였다. 결국 병원 내 병원성폐기물 분류배출은 잘 정착되었고, 담당자는 진급도 되었다. 이후 병원성폐기물이 잘 처리되는 병원에 대한 지지를 고민하다가 나온 아이디어가 '녹색병원'이다. 대한민국에서 유일무이한 녹색병원인증은 2004년 전북대병원이 제1호 녹색병원으로 인증받았고, 2005년에는 예수병원 순으로 2010년 7호까지 녹색병원을 인증하는 작업들이 진행되었다.

처음에는 감염성폐기물 조사로 방문시 비협조적인 병원들이 몇 년 후에는 자신들의 병원도 잘하고 있으니 조사 후 인증을 요청하였고, 지역에 병원을 개업시 녹색병원은 견학장소가 되었으며 캄보디아 폐기물 담당자와 환경단체들은 전북대병원에 견학까지 오게 되었다.

사실 병원성폐기물에 대한 영역도 소비자단체의 역할인지 고민할 수 있지만 지역 소비자들의 안전할 권리를 위해서는 소비자운동의 영역은 결코 소비자 상담만 받는 것으로는 양에 차지 않았다.

녹색병원(의료폐기물 관리 우수기관)

분야	인증번호	의료기관명	인증 일자
녹색병원	주부 001	전북대병원	2004. 12
녹색병원	주부 002	예수병원	2005. 12
녹색병원	주부 003	본병원	2006. 12
녹색병원	주부 004	전주고려병원	2007. 12
녹색병원	주부 005	원대병원	2008. 12.
녹색병원	주부 006	부안효요양병원	2009. 12
녹색병원	주부 007	익산병원	2010. 12

병원성폐기물 마크

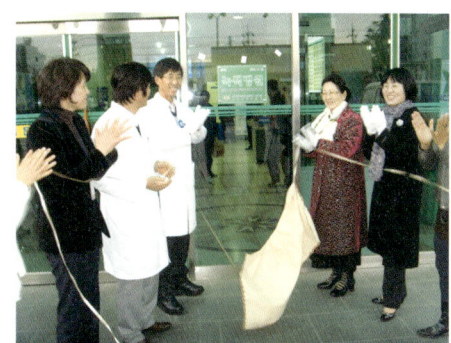 

녹색병원

홍보용 포스터 제작하다

병원을 방문하여 화장실을 이용할 때, 화장실마다 작은 비치함에 '탈지면을 넣어달라'는 문구가 부착된 전용휴지통을 보면 흐뭇하다. 과거에는 병원에서 혈액검사 후 지혈용 탈지면을 화장실에 비치된 쓰레기통에 큰 문제의식 없이 버렸었다. 하지만 지금은 혈액검사 장소와 화장실에 감염성폐기물을 배출할 수 있는 전용수거함이 마련되어 환자들도 쉽게 배출할 수 있다.

이러한 시스템이 마련되기 위해서는 병원관련자들이 자체교육을 통해 분리

배출이 이루어져야 하고, 방문환자나 입원환자들도 쉽게 참여할 수 있도록 지도가 필요했다. 이에 2006년 새전북신문사에 정윤성 기자를 통해 만화형식의 포스터를 제작, 전라북도의사회를 통해 전 병원에 부착하는 운동이 일어났다. 14년이 지난 지금도 일부 병원을 방문 시 승강기 안, 병실 등에 부착되어 있는 포스터를 볼 때마다 흐뭇하다.

병원감염성 폐기물 분리배출 포스터

정 기사님의 딸아이 편지를 받다.

크리스마스 즈음해서 예쁜 손편지를 받았다. 자기는 고등학생이고 아빠가 하시는 일이 병원쓰레기를 처리하는 부끄러운 일이라 생각하였다고 한다. 그런데 아빠가 근무하는 병원이 녹색병원으로 인증되어 TV 뉴스에도 나가고 인터뷰 기사가 신문 나가고 하니 아빠가 자랑스럽다고 한다. 또한 아빠도 자신의 일에 대해 보람된 일이라고 말씀하신다며 감사하다는 마음을 담은 손편지였다. 이후 그 병원을 방문할 때마다 정 기사님을 만나고 따님의 안부를 묻는 새로운 인연이 만들어졌다.

의료소비자에게 병원성폐기물 감염을 염려하며 시작한 녹색병원인증제가 누군가에게는 폐기물처리의 자부심을, 또 가족에게는 아빠의 위상을 올려주는 좋은 사례가 되었다.

이 사업의 시작은 사)자원순환연대에서 조사비와 인증패 제작비 등이 지원되었다. 그러나 전국적으로 생소한 녹색병원인증제라는 폐기물 우수 병원을 선정하는 작업은 처음이자 마지막이었다. 전국 병원 중 잘하는 곳도 미흡한 병원도 있기에 다른 단체들도 함께하기를 권했지만 복잡한 현장조사가 부담스러웠는지 아무 단체도 나서지 않고 있다.

덕분에 2007년 1월 15일에서 18일까지 북인도서 개최된 Waste Not Asia 국제회의에 한국대표로 참여하여 감염성폐기물에 대한 발표를 하였다. 이때 캄보디아에서 온 환경단체 대표는 한국에서 병원성폐기물이 자기네 국가로 수입되어 쓰레기 매립장에서 폐품을 수거하는 아이들이 주사기 등으로 발을 다친다며 똑바로 폐기처분하라는 일침을 가하였다. 국제회의를 통해 만난 인연으로 그 아이들이 쓰레기장으로 오지 않고 동네 교육시설에서 공부할 수 있는 방법을 논의하면서 한국에 돌아와 1년 동안 스케치북과 크레파스, 티셔츠 그리고 후원금을 모아 보내주었다. 당시 사무실 근방의 음식업소에서 회원들까지 성금을 모으던 기억이 있다. 이후 네팔의 병원성폐기물 담당자와 시민단체는 한국에 견학을 오게 되었다. 전북대병원의 통역과 협조를 통해 병원에서 처리하는 현장을 배우고 가는 시간이 되었다.

2004년 시작한 녹색병원인증제는 2010년을 끝으로 마무되었다. 이유는 종합병원에서부터 요양병원까지, 전주에서 부안군까지 다양한 병원들을 방문하고 확인한 결과 어느 정도 정착되었기 때문이었다. 병원이라는 특수성을 가진 공간에서 폐기물처리에 소비자단체가 관심을 갖고 바르게 배출한 병원을 인증한 '녹색병원' 인증제는 의미 있는 작은 정책의 성과였다.

3. 착한가게

착한가게 인증패

"물가를 잡는다."

새로운 정부가 시작되고 매년 명절 전에는 정부나 자치단체에서는 물가를 잡겠다고 하고 물가 상승률을 발표한다. 물가상승률은 공무원 임금인상율도 결정하고 경제정책수립의 지표가 되기도 한다.

물가는 국민의 가정경제생활과 민첩한 관계로 정부에서 관심이 필요한 상황이고 해외의 일부 국가는 물가인상으로 폭동이 일어나는 사례들도 있다.

1970년대에서 1980년 후반까지 연탄 요금에서 기름값, 쌀 가격 등은 국민생활과 밀접한 품목은 정부에서 고시제로 가격안정을 이유로 감시품목이었다. 연탄가격에서 목욕탕 요금까지 물가감시대상 품목이 되다 보니 수도요금이 오르면 짜장면 값도 오를 것이고 목욕 요금도 올라가니 물가담당공무원은 물가를 잡는다며 목욕탕에 하루종일 앉아서 오른 요금 내릴 것을 종용하고 씨알이 먹히지 않으면 목욕탕 위생검사를 실시하면서 요금내리기에 안간힘을 쓰곤 했다. 그러나 동네목욕탕 요금과 호텔사우나 요금이 다른데도 물가를 잡는다며 요금을 동일하게 책정하는 시군의 공무원들의 애로사항은 이만저만이 아니다.

소비자 물가지수란?

소비자가 구입하는 상품과 서비스는 무수히 많으며 그 가격 수준, 단위 가격

흐름은 다른 모습을 보인다. 소비자물가지수는 상품과 서비스의 전반적인 가격 동향을 한눈에 쉽게 알아볼 수 있도록 하나의 숫자로 만들어진 종합지수이다.

그러나 국민인 소비자들은 정부의 소비자물가 발표에는 체감 물가와 다르다는 볼멘소리를 자주 하고 있다. 2020년 현재 통계청이 작성하여 발표하는 소비자물가지수에 따른 물가 상승률은 일반 소비자들이 피부로 느끼는 체감물가 상승률과 상당히 차이가 발생하는 경우가 있다. 이러한 점을 보완하기 위하여 소비자물가지수의 보조지표로 작성하는 것이 생활물가지수(일명 장바구니 물가지수)이다.

생활물가지수는 소비자의 체감물가를 파악하기 위해 일상생활에서 자주 구입하고 지출비중이 높은 쌀, 달걀, 배추, 소주 등과 같은 기본생필품 156개 품목을 선정하여 작성한 것이다. 체감물가를 파악하기 위해 1998년 4월부터 도입한 지표이다.

조사 대상 품목은 쌀, 두부, 쇠고기 등 소득증감에 관계없이 구입하는 기본 생활필수품, 과일류, 세탁료 등 분기에 1회 이상 구입하는 생필품, 남녀기성복, 운동화, 중고교 납입금 등 가격변동이 민감한 품목 등이다. (한국은행, 알기 쉬운 경제지표 해설)

특히 소비자물가지수는 인플레이션 지표가 되며 통화정책 수립과 화폐구매력을 측정하는 근거가 되며 디플레이터(Deflator)[1]로 활용되기 때문에 기업이나 개인에게도 미치는 영향력이 큰 통계이다. 이러니 정부에서의 물가를 잡기 위한 노력은 중요한 업무수행 중 하나이니 중앙정부에서는 지방자치단체를 압박하고 물가 인상률이 낮은 자치단체는 성과금을 주면서 시상도 하고 물가 인상

---

1) 디플레이터(deflator): 일정 기간의 경제현상을 분석하는 경우 그 기간의 가격변동을 무시할 때는 분석에 왜곡이 생긴다. 따라서 실질적인 분석에는 가격변동을 참작해 수정할 필요가 있으며, 이때 쓰는 가격 수정요소를 디플레이터라고 하며 가격수정인자라고도 한다. (매경시사용어사전)

률이 높은 자치단체는 페널티를 주면서 압박하고 있으니 이때만 되면 담당공무원들이 방문하는 기관 중에 하나가 소비자단체이다. 결국 소비자들이 나서서 물가 잡기에 동참을 요구하는 것이다.

우리 동네 돈가스가 2천 5백 원

우리 전주시는 완산구와 덕진구 두 개의 행정구역이 있다. 인구 66만의 중소도시로 한옥마을이 있고, 슬로우시티, 유네스코 음식창의 도시 등의 관광지로 문화 활동이 활발하다. 일반 동네의 크고 작은 가게들은 관광객이나 외지인들보다는 동네사람을 중심으로 하는 지역순환경제가 이루어진다. 그러니 아무리 물가가 올라도 동네가게의 가격 오름은 아주 느리게 오르는 분위기이다. 이러한 가격 흐름은 구청별로, 동별로 1주일에 한번씩 물가조사를 하는 20여 명의 모니터 선생님들이 가격 오름에 대한 바로미터기 역할을 한다. 사우디의 오른 기름값 원유는 우리가 막을 수 없지만 동네가게의 다양한 가격은 우리가 소문을 내서 지역에서 보이지 않는 손에 의해 경제 순환되는 방법을 찾기로 하였고 2009년 초반에 물가 점검을 하기 시작했다. 시장의 지속적인 물가인상에도 불구하고 가격을 올리지 않고 좋은 품질의 상품과 서비스를 제공하는 가게가 착하다는 의미에서 '착한가게'를 선정하자는 의견을 나누었다.

처음 1호점은 전주시 서신동에 위치한 김밥천국이었다. 당시 김밥 한줄에 1천 원은 전국이나 동일하였지만 이 업소를 선택한 것은 계란 때문이었다. 2009년도에는 공중파 방송을 통해 '소비자고발'이라는 방송이 전국적으로 이슈였는데 이때 나온 것이 불량 계란이었다. 유통기한이 지난 계란을 사각형 지단으로 만들어 김밥집에 납품을 하고 있다는 내용이었다.

방송을 보고 김밥집을 방문하였다. 계란과 쌀 등이 국내산인지 물품대장을 확인하고 감동하였다. 우리 지역엔 김제평야가 있다. 이 지역에 신동진 벼품종은 밥맛이 좋기로 유명한데 방문한 김밥집은 김제에서 쌀을 들여오고 있었고, 또 우리 지역 계란집하장에서 계란이 날마다 배달되는 영수증까지 확인할 수 있었다. 단돈 천 원에 좋은 재료로 김밥을 만들고 있었고, 동네장사라며 국내산 재료를 이용해 만든 돈가스를 2,500원에 팔고 있어 김밥천국을 '착한가게 1호점'으로 선정하였다.

정장 한 벌 드라이가 4천 원!

계절별로 옷 정리를 하고 좀 비싸다는 옷은 물세탁보다는 세탁소를 이용해서 드라이크리닝을 한다. 지금이야 '스타일러'라는 가전제품이 집안의 세탁소 역할을 하지만 그래도 세탁소를 이용해야 왠지 옷 정리를 제대로 한 기분이다. 요즘은 운동화 가격도 고가이다 보니 운동화까지도 세탁소를 이용하니 웬만한 가정의 한 달 세탁 비용도 만만치 않다.

정장 한 벌에 4천 원이라는 '제일크리너샵'을 방문하였다. 부부가 직접 운영하고 있는 세탁소로 보통 7천 원 정도의 드라이크리닝 가격을 어떻게 4천 원에 받고 있는지를 물어보자 본인 집이니 집세도 나가지 않고 부부가 직접 운영하니 인건비가 나가지 않아 4천 원만 받아도 손해 보지 않는다고 했다. 한 번 오신 손님은 단골이 되고, 이사를 가서도 먼 거리에서 찾아오는 단골손님이 많다며 자랑을 하셨다.

착한가게가 되기 위한 조건 중 하나는 우리 단체로부터 단 한 번도 소비자고발을 받지 않아야 하고, 가격은 통상가격보다 저렴하면서 품질과 서비스는 우수한 곳이어야 한다. 착한가게가 소문이 나자 전주시에서도 적극 참여하게 되었고 당시 김완주 시장님께서 업소를 방문하여 인증가게를 기념하는 기회를 갖기도 했다.

　전주에는 이레면옥이라는 냉면 전문점이 있다. 물냉면이든 비빔냉면이든 이 업소는 10년 전에도 5천 원이었고 착한가게 인증당시도 5천 원이었다. 이레면옥은 과거 헌책방이 많은 동문사거리에 위치해 있고 인근 사거리에는 KT가 있었다. 과거 한국통신공사로 많은 직원들이 근무를 했었고 세월이 흘러 당시 근무하던 직원들이 정년퇴직을 했어도 옛날 맛을 잊지 못하고 이레면옥을 찾아온다고 한다. 퇴직 후 지갑사정이 좋지 않은데 어찌 향수에 젖어 찾아오는 손님들을 위해서 냉면 값을 올릴 수 있겠냐는 주인의 말에 철학이 느껴졌고 가끔 한옥마을을 찾는 나 역시 단골이 되었다.

　이레면옥은 착한가게 4호점이 되었다. 그 외 미용 요금 중 커트가 3천 원이고 노인이나 장애인이 오면 미용요금을 더 인하해주는 '센스미용실'이 있었다. 2009년도에 시작해서 2011년도까지 착한가게 12호점을 인증한 후 정부의 착한가게 프로젝트가 전국으로 확대되면서 우리 단체에서 인증하던 업무를 중단하였고, 착한가게 덕분에 물가안정 유공자로 대통령상 목련 훈장을 2011년도에 받았다.

　처음 전주에서 시작한 '착한가게'는 '착한가격업소'로 행안부에서 명칭을 변경하였다. 2019년 8월 통계로 보면 착한가격업소는 총 5,762개소이며 업종별로 보면 외식업가 76.3%로 가장 많고 이·미용업소 17.1%, 세탁업 3.3%, 목욕업 1.6% 순이다. 인증된 업소에 대한 지원은 자치단체별로 차이는 있다. 1억원의 특교세를 받은 충남 천안시는 식당에는 앞치마·방석 등을, 미용업소는 헤어드라이기, 미용가위 등 업소에서 필요로하는 물건을 지원하고, 노후 간판교체나 주방시설 개설 등도 진행하였다.

　경남 김해시는 착한가격업소 특화거리를 조성하기도 했다. 16개 업소가 한곳에 있는 특화거리에서는 인증간판 제작과 매월 20리터 쓰레기봉투를 지급하고 있다. 그러나 일부 지역사회에서 문제가 제기되고 있다. 착한업소로 지정이 되면 재료비나 인건비, 건물임대료 등은 오르기만 하는데 물가 안정의 근본적인 대책 없이 가격 인하만 고집하니 값싼 저질 식재료를 사용할 수 있다는 것이다.

착한업소 인증이 꼭 처음 가격을 묶어 두는 건 의미가 없다고 본다. 일정기간이 지나면 업체의 상황과 원자재값 상승에 따라 요금을 올릴 수도 있다. 착한가게를 선정한 바탕에는 저렴한 가격으로 양질의 서비스를 제공하지만 잘 알려지지 않는 동네가게를 동네사람들이 알고 이용하며 자치단체에서는 그런 업체를 발굴하고 내실화된 지원책을 마련하는 것이 원래 목적이었다.

가끔 다른 지역 이동 중에 고속도로 휴게소나 다른 동네에서 착한가격업소 인증간판을 보면 가슴이 뛴다. 지금은 국내외로 경제가 어려운 상황이지만 인증업소들이 소비자들로부터 사랑받고 만족도가 높아 성공한 가게로 거듭나길 소망한다. 결국 정책은 현장에 답이 있다.

착한 가게 정책 과정

1단계   **제도적 실행 체계 구축**
- "물가가 올라 외식도 어렵다"
- "세탁소 드라이크리닝 요금도 올랐다"
- "컷트, 파마요금도 부담이 된다"
- "정부 물가 발표와 장바구니 물가 다르다"

현장소비자이야기
↓
물가 담당 공무원, 상인 여론 수렴

2단계   **제도적 실행 계획 구축**
- 동네 가게 중 품질, 서비스, 요금 우수한 곳 발굴하자
- 발굴된 업소를 지역소비자에게 홍보한다
- 지역에서 생산, 소비로 선순환 구조 만들자
- 착한 가게를 인증해 주고 자치 단체에서는 수도요금 등 감면해준다

물가모니터요원 간담회
↓
동네별, 품목별 착한 가게 찾기 운동

3단계   **'착한 가게' 활성화 실행**
- 매월 전주시내 가격 조사(음식업소, 미용업소, 헬스클럽 등)
- 선정작업 진행
    - 김밥집 경우 국내산 사용 여부 등
    - 착한 가격을 유지하는 상인과 인터뷰
- 착한 가격 업소 인증판 제작
    - 1년 동안은 단체에서 자체적으로 진행(KBS, TV 전국방송 등 홍보)
    - 2년째 전주시장 참여
    - 3년째 전북 14개 시, 군 동참
- 행정안전부에서 적극 확산
    - 착한 가게에서 착한 가격으로 전환됨

정책 과정 예시: 착한가게

착한가게 인증식

4. 빈 그릇 아파트

음식물쓰레기 강양정책

필자가 살고 있는 전주시는 예로부터 맛과 멋의 고향이라 했으며 전주에서 음식 자랑은 하지 말라는 이야기도 있다. 이는 전주만의 특별한 음식문화가 있기 때문이다. 5천 원~7천 원짜리 백반집에도 찌개와 기본 반찬이 10여 가지가 넘는다. 또한 한상 4인 기준의 한정식집에선 기본반찬이 50여 가지가 웃돈다. 그러니 서울 사람들이 오후에 택시를 대절해서 전주 막걸리집에 들러 한 사발 걸쭉한 막걸리를 마시고 다시 서울로 늦은 밤에 올라가도 택시비가 빠진다는 여담도 있다. 여하튼 소비자운동 30여 년 동안 반찬 가짓수 줄이기에서 남은 반찬 싸주기, 식판 사용 등 다양한 운동을 전개하였지만 이는 음식업소만이 아니라 이용하는 소비자들의 협조도 필요하다. 평소보다 적게 반찬을 내놓으면 '이집이 돈 벌어 이제는 반찬이 달라졌다.'며 항의하는 손님 때문에 풍족한 반찬을 줄 수밖에 없다고 하소연했다. 밥상문화 개선에 노력하였지만 큰 효과를 보지 못하고 유네스코(UNESCO) '음식창의도시'가 된 전주시가 무선식별 시스템(RFID)을 이용한 배출자 부담원칙에 따라 배출량에 비례해 음식물 수거 수수료를 부과하는 종량제를 시행하게 되었다.[1]

그러나 음식업소 또는 장례식장, 예식장 등 음식물쓰레기를 대규모로 배출하는 곳에서는 새로운 시스템에 대한 불편과 비용부담으로 시작부터 곳곳에서 항의가 일어났다. 이에 RFID정착에 필자와 우리단체가 적극적으로 참여하게 되

---

1) 무선식별 시스템(RFID : Radio-Frequency Identification)은 안테나와 전자 태그의 무선 주파수를 이용해 비접촉 상태에서 ID(정보)를 식별하는 시스템이다.

었다.

음식물쓰레기 수거통이 꽃보다 아름다워

　개인주택에 사는 시민들은 음식물처리가 RFID가 되면서 불편한 정책이 되었다. 동사무소를 통해 나누어준 음식물수거통을 이용해서 격일제 요일에 맞추어 오후 6시 이후에 집앞에 내놓으면 밤에 골목길을 다니는 작은 수거차량이 수거를 한다. 수거통에 배정된 바코드는 한달에 음식물쓰레기를 몇 번 배출하였는가를 확인하게 되고 횟수에 따라 요금이 부과되니 불편하기도 하고 수거료에 대한 경제적 부담을 이야기하기도 한다. 간혹 인근식당 수거통에 몰래 버리기도 하고 검정 봉투에 담아 일반 쓰레기에 불법 배출하는 등 요금 줄이기 백태가 일어났다. 당시에는 가정에서 음식물쓰레기 줄이기 아이디어를 공유하고 방송을 통해 정보를 제공하였다. 여름철에 수박 껍질은 얇게 저며서 말린 후에 버리면 양이 줄어들고, 냉동실에 음식물쓰레기를 따로 보관 후 한꺼번에 버린다든지, 냉장고마다 보관된 식품재료를 표시하고 매주 목요일은 냉장고 청소하는 날로 정하고 필요한 만큼만 구매하자는 알뜰 식단운동도 함께 하였다. 시민들의 가장 큰 불신은 '수거통의 바코드로 배출 회수를 확인할 수 있느냐'이었다. 이러한 불신을 해결하기 위해서는 현장을 직접 다녀봐야 한다는 생각에 방송국 카메라 기자와 함께 밤 9시부터 새벽 3-4시까지 소형 수거 차량과 대형 수거 차량에 합승하여 현장을 다녔다.

　웬만하면 멀미를 하지 않는 강철 체력이었지만 한여름에 음식물쓰레기 부패 냄새로 골목에서 몇 번이고 구토를 하였다. 나중에 함께 다니던 차량기사님들은 우리가 잘할 거니까 이제 오지 말라고 부탁까지 하였다. 결국 한동안 지역방송을 통해 현장을 알리자 시민들과 단체들이 지지를 하였고 2009년 한 해

동안 음식물 감량 운동에 매진하여 나름 성과를 가져왔다고 본다. 특히 모니터링하는 과정에서 아침 새벽에 골목길을 가면 음식물수거통이 집집마다 꽃처럼 나열된 모습을 보고 〈음식물쓰레기 수거통이 꽃보다 아름답다〉는 칼럼을 쓸 정도로 애정이 가는 정책이었다.

어느 정도 음식물쓰레기 감량에 성공을 하자 이명박 정부 때는 청와대에 초청되었고 2012년부터는 인구 20만이상의 자치단체는 전주시의 종량제 정책을 따르라는 발표가 있었다. 이후 필자는 전북지역 14개시·군은 물론 경기도 부천과 부산, 전남 등 종량제로 인한 지역 주민의 갈등해결과 종량제 정착을 위해 여러 도시를 다니며 강의와 토론회에 참석하며 음식물종량제 전도사 역할을 하였다.

성난 음식업소 사장들!

2009년 전주시에서 음식물종량제 시범사업이 시작되었다. 당시 사업일지를 살펴보니 11번의 대책회의를 진행하였다. 음식물 수거 차량에 밤 9시부터 새벽까지 함께 차에 동승하여 전자태그 오차를 체크하고 다녔다. 운동복으로 갈아입고 소형회수차량에 타서 함께 전주 시내를 돌아다니다 보면 음식물 냄새에

토하기도 하며 방송국 카메라와 함께 현장의 이야기를 전했다.

당시 전국적으로 하루에 버려지는 음식물쓰레기(2006년 기준)는 8톤 트럭 1,430대분이며 연간 트럭 52만여 대 분량에 이르며, 이 양은 트럭을 일렬로 세워 서울과 부산을 8번이나 왕복할 수 있는 거리라고 한다. 특히 전주시는 전통음식과 맛의 고장이라는 명성에 맞지 않게 전국에서 가장 많은 음식물 쓰레기가 배출하는 곳이었다.

이에 전주시는 2009년 4월부터 지금처럼 일괄적으로 부과하는 음식물쓰레기 비용부담을 배출자 부담원칙에 따라 버린 만큼 수수료를 차등부과하고 문전수거방식을 통한 배출량 비례제를 시행한다고 발표하자 즉각 음식업소에서 항의가 시작되었다. 시행 전, 대형음식점은 한달 약 2만 7천 원만 부담하면 되었지만, 시행 후 음식업소 수거료는 Kg당 68원으로 평균 음식업소 7개소가 부담하는 금액이었다. 급기야는 전주시장실까지 몰려와 항의했다. 결국 다시 조정 절차를 거쳐 Kg당 37원으로 결정되었고, 처음 항의하던 업소에서는 음식물쓰레기 감량을 위해 다양한 아이디어를 제시하고 필자에게는 당신 업소에 방문하여 줄 것을 요구하기도 하였다. 고궁이라는 전주비빔밥 전문점에 가면 남은 음식을 가져갈 수 있는 용기를 비치하였고, 가족회관은 반찬가지수를 줄이고 음식물 쓰레기 압축기를 설치하여 습기를 빼고 배출하는 등 여러 방안을 찾아가고 있었다.

또한 아파트 등 공동주택은 99㎡ 이하는 500원, 99㎡ 이상은 1,000원으로 세대에 몇 명이 사는지 구분 없이 부과되었다. 그러나 4월 1일 부터는 면적 구분 없이 세대별로 780원으로 책정하였다. 음식업소의 노력과 달리 아파트는 평형 구분없이 세대수로만 나누어지기 때문에 아파트 입주민들의 노력으로 전년도에 비하여 음식물쓰레기를 감량한 아파트에 대해 전국에서 처음으로 '빈그릇 아파트'라는 인증패를 만들어 아파트 정문에 부착하고 우수 아파트에 한하여 재활용 시설 등을 지원하는 정책을 전주시와 함께 진행하였다.

결국 배출량 비례제 시행 전인 2008년도 음식물쓰레기 수거량은 9만 5912t 이었으나 시행 2년째인 2010년도에는 8만 2893t으로 13.5%가 줄었다. 특히 단독배출을 하는 단독주택, 음식점, 상가의 배출량은 22.4%가 줄었다. 아파트는 2.4% 감소에 불과하여 빈그릇 아파트를 진행하게 되었다.

1호로 선정된 서신동 제일비사벌 아파트는 전년대비 13%를 감량하였으며 특히 송천동 성원무지개아파트는 전년대비 21.9%나 감량하는 쾌거를 이루었다. 이 사업은 2010년 시작해서 4년 동안 9곳의 아파트를 인증하고 사업을 마감하였다. 이는 전체적으로 감량이 이루어졌기 때문이다. 선정된 아파트의 특징은 첫째 부녀회장님과 관리소장의 열정에 따라 감량여부가 결정됨을 알 수 있었다.

빈그릇 아파트

인증번호	대상	인증일자	감량비율
제1호	서신 제일비사벌	2010. 12	13%
제2호	여의 대창하이빌	2010. 12	26%
제3호	호성주공 1,2차	2011. 12	8%
제4호	삼천 쌍용2단지	2011. 12	세대별 최소 배출
제5호	신동아 1차	2011. 12	14%
제6호	김제 동양	2011. 12	주민 노력
제7호	송천동 성원무지개아파트	2012. 12	21.90%
제8호	여의동 동국아파트	2013. 10	16.40%
제9호	서신동 대우대창아파트	2014. 10	3.50%

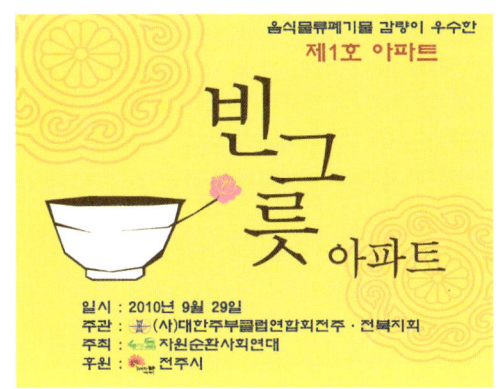

빈그릇 아파트 인증 현판

빈 그릇 아파트 인증식

5. 어린이 소비자교육체험관

26년 전 12월 3일. 제1회 소비자의 날 기념식에서 대통령상을 수상했다. 공적조서에는 대한민국에서 가장 많은 소비자교육을 한 공로가 인정된다고 기록돼 있다. 교사출신 소비자운동가라 그런지 소비자교육에 남다른 애정과 아이디어가 샘솟는다.

2005년 3월, 소비자정보센터가 준공되었다. 소비자정보센터 내에 오랜 준비기간의 연구와 설계, 시공 끝에 소비자교육체험관을 개관하게 되었다. 전국에서 유일하게 자체 사옥을 갖게 된다는 사실에 가슴이 벅차올랐다.

전국 최초, 유일한 소비자 전문체험 교육장

전주 소비자교육체험관은 전국에서 유일하게 만지고, 체험하고, 놀면서 소비자 교육을 받는 전문 체험 공간이다. 2005년 3월 17일 개관 이후 2020년까지 약 5만 6천여 명의 소비자가 다녀갔다. 소비자들이 일상생활에서 접할 수 없었고 어렵게 생각했던 다양한 경제정보와 지식을 체험을 통해 알아가는 공간이다. 또한 자연스럽게 경제가 어렵지 않고, 자연스런 일상생활의 한 부분임을 깨닫게 된다. 소비자교육 체험관에서는 체험과 교육을 통해 올바른 소비가치·태도를 배울 수 있다.

40평 남짓의 공간이 체험과 놀이공간으로 알차게 구성돼 있다. 1명의 전문강사와 보조강사가 함께 체험관 내에서 제1영역 시장의 이해, 제2영역 합리적인 구매와 사용, 제3영역 소비자문제해결 및 예방, 제4영역 소비와 환경 분야로 나눠진 교육 내용을 설명하고 체험이 이뤄질 수 있도록 진행하고 있다.

영역별 주제

영역	범주	주제
시장의 이해	생산자와 소비자	스마트컨슈머가 되어 볼까요?
	소비자의 경제생활	우리는 왜 선택해야 할까요?
	다양한 시장의 종류	다양한 판매방식과 특징을 알수 있어요.
합리적인 구매와 사용	소비자의 권리	소비자의 8대 권리와 책임
	소비자정보	상품인증, 무엇일까요?
	소비자 안전	소비자는 안전한가요? 식품라벨과 영양성분 읽기
	다양한 결제방식	현금,신용카드,모바일결제 등을 체험해요.
소비자문제해결 및 예방	소비자 문제해결	소비자피해가 무엇인가요?
	소비자 상담	소비자상담으로 소비자피해 해결해요.
소비와 환경	소비환경	소비와 지구 온난화
	자원재활용	함께 쾌적한 소비세상 만들기

학교 교육과 연계하되, 소비자 교육에 중점

교육현장에서의 사회과 교육은 사회현상과 문제를 파악하는데 필요한 지식과 정보를 획득, 분석, 조직, 활용하는 능력을 기르며, 사회생활에서 나타나는 여러 문제를 합리적으로 해결하기 위한 탐구능력, 의사결정 능력 및 사회참여 능력을 기르는데 목적이 있다.(교육부, 2018)

3~4학년 군에서는 자원의 희소성, 경제 활동과 선택의 문제, 생산, 소비, 시장, 지역간 물자 교환 및 교류 등에 대해서 학습하게 되고 이를 통해 자원의 희소성으로 인하여 발생하는 경제활동에서의 선택의 문제와 지역간 경제활동이 밀접하게 관련되어 있음을 학습한다.

5~6학년 군에서는 경제주체의 역할, 합리적 선택, 우리나라 경제의 특징, 무역, 상호 의존, 경쟁에 대해서 배운다. 경제 주체들의 올바른 역할과 그에 따른 경제적 선택, 우리나라의 경제성장과 경제체제의 특징에 대해서 학습한다. 또

한, 우리나라와 다른 나라가 무역을 통해 상호 의존 및 경쟁관계에 있음을 학습하게 된다.

교육은 학습자의 올바른 성장을 위해 필요한 지식, 기능, 경험 등을 제공하는 것인데, 현행 학교 사회교육은 지식적 학습만 가능한 상황이다. 경험·체험적 교육이 부족한 실정이며, 경제교육=금융교육의 인식이 강한 게 사실이다.

- **아동 소비자의 특성**
  · 자유재량 소비액이 증가하는 추세/ 소비욕구 절제력 부족/ 대중매체에 과다 노출
  · 가계구매행위에 영향력 행사/ 소비자교육 기회의 부족

- **아동 소비자의 특성**
  · 경품제공·과장광고로 인해 소비행동에 문제를 겪기도 한다.
  · 가격과 재화·서비스 차이의 이해부속으로 인해 구매의사를 결정할 때 비합리적일 수 있다.
  · 소비욕구 절제력의 부족으로 인해 용돈을 무분별 하게 사용 할 수 있다.
  · 악덕·기만 상술에 따른 소비자 피해를 입을 수 있다.

'실질적이며 직접적인 경험을 주기위한 교육 필요'

어린이 소비자교육은 올바른 가치체계의 발전과 합리적인 의사결정 능력을 키우기 위해서 꼭 필요하다. 나아가 직접 경험하는 금전적인 피해를 구제하고

그들의 생명과 안전을 보호하기 위해 일찍부터 시작되어야 한다. 그 시작은 용돈을 주어 금전경험을 가지게 하는 것이 효과적이다. 실제 생활에서 스스로 행하며 화폐의 구매력을 배우며 용돈 계획, 의사결정 과정, 구매 후 평가 과정 등을 통해 소비자 능력의 향상을 가져올 수 있다.

소비자교육체험관 외에도 어린이 용돈교육을 위한 다양한 교육 자료를 자체 기획, 개발하여 소비자교육체험관 견학과 함께 소비자교육에 활용하고 있다.

최근에는 학교 재량학습 및 중학교 자유학기제를 적극 활용한 체험중심 교육이 각광을 받으면서 소비자교육체험관을 찾는 학생들이 증가하고 있다. 현재 학생들의 삶 속에서 경험하는 소비자문제 중심의 교육활동이 무엇보다 필요하다는 걸 학교교육현장에서도 느끼고 있다. 책상에 앉아 시험점수를 올리기 위한 경제지식이 아닌, 경제활동에 필요한 경제적 소양을 길러서 생활 속에서 부딪치는 경제문제를 합리적으로 해결 할 수 있는 올바른 가치관과 올바른 소비태도를 키울 수 있도록 돕는 것이 선배 소비자로의 역할이지 않을까 싶다.

소비자교육체험관

인형극을 통한 노인 소비자 교육

"40년 교직생활의 노하우를 인형극에 담아내겠습니다!"

2007년 실버서포터즈인형극단을 창단했다. 멤버 모집광고를 보고 중학교 교장선생님으로 정년퇴직을 한 70세 어르신 한 분이 이력서를 내셨다. 교직생활의 노하우를 동년배 어르신들을 위한 소비자교육에 녹아내고 싶다고 하셨다. 본인 또한 학교로 찾아온 영업사원에게 속아 4백만 원짜리 내비게이션을 구입하고 땅을 치며 후회한 경험이 있다며 본인과 같은 피해자가 없어야 한다며 인형극단원이 되어 열심히 활동하고 싶다는 포부를 밝히셨다.

소비자 교육의 베테랑 강사라 할지라도 어르신들과 교육을 할 때에는 긴장을 할 수 밖에 없다. 어르신들의 경우 신체적인 노화로 인해 교육을 받기위해 장시간 앉아있기 힘들 뿐더러 집중도가 낮아 일방적인 지식전달 교육방법은 효율적이지도 효과적이지도 못하다.

이에 어르신 전용 소비자교육 콘텐츠를 개발한 것이 '인형극'을 통한 교육이었다. 처음 콘셉트는 어르신을 위한 어르신 인형극단이었다. 말 그대로 65세 어르신들로 구성되어 있는 실버서포터즈인형극단이다.

- **노인 소비자의 특성**
  · 태도 측면에서 위험을 회피하고 안전과 보장을 받고자 하는 욕구가 강하며, 대개의 경우 노화에 따른 스트레스와 소외, 고독을 느낀다.
  · 행독측면에서 소극적·수동적·내향적이며, 경직성이 강하여 안전한 방법을 찾는다.
  · 신체의 노화로 말미암아 여러 가지 유혹에 이끌리기 쉬우며 자연히 사기

> 범죄의 피해가 되는 경우가 많다.
> · 노화에 따른 신체기능의 저하, 다양한 인생 경험, 시장 환경의 변화 두려움을 느낀다.

처음 인형극을 시작할 때 우여곡절이 많았다. 인형 1개당 제작비용만 약 30만 원이고, 무대장치, 음향기기 등을 감당하기에는 예산이 부족하기도 했다. 이러한 사정을 알게 된 우리 단체 회원분들이 재능기부 형태로 인형제작에 손길을 보태고 싶다며 집에서 사용하던 재봉틀을 동원하여 약 보름 동안 사무실에 터를 잡고 작업을 진행했다. 직원들과 회원들은 인형극 캐릭터 분석과 연구를 위해 머리를 맞댔고, 수(手)작업 끝에 대본 캐릭터에 맞는 인형 5개와의 수십 개의 소품 등이 제작될 수 있었다. 감사하게도 매년 우리 회원들은 변함없이 이 작업을 계속해주시고 계신다.

시나리오도 직접 구성했다. 교육현장에서 만나는 어르신들의 니즈와 어르신 소비자피해를 직접 분석하여 시나리오에 담아내고, 음악효과를 넣어 한편의 드라마를 보는 듯 인형극을 완성했고, 교육에 대한 집중도를 높였다.

이렇게 시작된 실버서포터즈인형극단은 전용 승합차를 타고 연 50회 이상을 10년 넘게 전라북도 방방곡곡을 다녔다. 노인복지관뿐만 아니라 소규모 읍·면 단위의 마을 노인정도 마다않고 원하는 곳이면 찾아갔다. 직접 무대도 설치하고, 음향장비도 체크하며 한 편의 연극 작품이 무대에 오르는 듯 교육을 할 때마다 벅찬 감동이 일었다. 공연이 끝나면 어르신들이 앙코르공연을 요구하며 흥겨운 음악 장단에 맞춰 춤을 추셨다. 소비자 교육이 아닌 마을 축제 현장에 온 것 같은 착각이 들 정도다.

인형극 소비자교육 사진

어르신들은 인형극을 보며 감정 이입을 했다.
"나이 든 노인네들 등쳐먹는 나쁜 놈을 봤나~!!"
인형극에서 건강식품을 만병통치약이라고 속여 파는 영업사원을 향해 고함을 지르기도 하고, 소비자고발센터 소장에게 혼쭐나는 장면을 볼 때에는 "아이고, 고소해라." 통쾌해한다. 한 어르신은 교육 후 내 손을 꼭 잡으며 스트레스가 확 달아났다며 다음에 꼭 또 한 번 와달라고 요청도 하셨다.

- **노인 소비자의 교육 방안**
- 노인소비자는 하나의 동질적인 패턴을 가진 단일 소비자층이 아니라 그 안에 다시 다양한 패턴을 가진 여러개의 하위집단으로 나누어 교육할 필요가 있다.
- 노인 소비자에 대한 소비자교육의 필요성은 매우 절실하며 노인기의 신체적·정신적 특성을 감안한 교육내용이나 교육방법에 대한 세심한 배려가 있어야 한다.

- **노인 소비자교육을 위한 효과적인 방법**
- 장소 이동의 불편이 없는 대중매체를 통해 소비자 교육을 실시한다.
- 각종 시청각 자료를 적극 활용하고 사용이 간편한 수단 및 교수방법을 개발한다.
- 노인의 학습태도를 충분히 감안해 일정한 기간 동안에는 새로운 자료의 제한된 양만 제공한다.
- 노인 학습자의 참여를 적극 권장하고, 제시하는 사례나 예시물은 일상생활에 근거한 것으로 한다.

2007년 시작된 인형극은 어느새 14회째 계속되고 있다. 매년 소비이슈, 소비환경, 소비자상담의 변화 추이에 따라 대본 내용도 바뀌고, 인형극 단원들이 개인사정으로 교체되기도 한다. 늘 변함이 없는 건 일방적인 교육이 아니라 소비자와 소통하며 함께 참여하는 교육, 소비자의 욕구와 가치를 담아내는 교육, 노인 소비자로서의 권리가 있고 더 나은 소비 생활을 위한 책임있는 역할을 중요성을 인식할 수 있도록 모두가 노력하고 있다는 점이다. 또한, 어르신 교육에서 가장 중요한 점은 사후 피해구제 차원이 아닌 사전 소비자 피해예방을 위한 교육이 진행되고 있다는 점이다.

어르신 소비자상담과 피해구제를 진행하다보면 특수판매(방문판매, 전화권유, 다단계 등)방식으로 물품 등을 구입하고 계약을 해제하는 과정에서 피해를 경험하는 어르신들을 자주 볼 수 있다. 소비자불만, 피해 경험이 있는 어르신 대부분은 상품을 그대로 가지고 있거나 사업자 요구대로 요금을 지불하여 본인이 그 피해를 감수한다고 한다. 그 이유가 본인 잘못이라는 생각을 가장 많이 하기 때문인 것으로 분석된다.

소비자 불만, 피해의 원인이 구조적인 것에 있음에도 불구하고 개인적인 잘못으로 생각하는 비율이 높아 소비자정보에 취약한 어르신 대상 소비자교육과 피해 예방이 무엇보다 중요하다고 주장하는 사람이다. 이미 전라북도는 만 65세 이상 인구가 전체의 21.9%(2018년 8월 기준, 행정안전부)이며, 초고령 사회에 진입했다. 그만큼 어르신 대상 소비자 교육은 더욱 절실할 수밖에 없다.

어르신의, 어르신에 의한, 어르신을 위한 인형극단 승합차는 오늘도 출발한다!

제4장

소비자 전문가 좌담회

제4장
소비자 전문가 좌담회

'가습기 살균제 사건, 재난(참사)인가 악행인가'라는 철학적 논문(구연상,동서철학연구소)에서 기존 시각은 이 사건을 대체로 재난이나 참사로 규정하거나 제조물에 대한 피해 사건 정도로 보고 있지만 악행으로 규제해야 한다.

– 강준만(쇼핑은 투표보다 중요하다)

우리 곁에서 일어나고 있는 일

소비자는 자급자족하지 않는 한 필요한 물건을 일상적으로 구매한다. 특히 가정에서 깨끗하고 쾌적한 생활을 영위한다는 명목하에 사용하고 있는 생활제품들을 스스로 제조하여 사용하는 소비자는 많지 않다. 신생아나 어린아이가 있는 가정은 고가의 제품이라도 자녀를 위해서라면 구매하는 소비심리가 있다. 이러한 소비심리에 구입하여 사용한 제품이 오히려 가족의 생명을 위협한 사건이 있었다. 바로 가습기 살균제로 인한 인명피해이다.

가습기 살균제의 피해사건은 2011년 4월, 출산 전후의 산모 8명이 원인을 알 수 없는 폐질환으로 입원을 하면서 시작되었다. 이들 모두가 폐가 굳는 증상을 보였다. 이중 4명은 2011년 5월과 6월에 잇따라 사망했다. 2011년 11월 질병관리본부가 가습기 수거명령을 내리고 조사한 결과 2012년 3월 가습기 살균제를 폐손상의 원인으로 최종 확인하였다. (위키백과. "가습기 살균제 사건)

사회적 참사 특별조사위원회 자료에 의하면 가습기살균제 사용자는 약 400만 명이고 피해 경험자는 49만~56만 명에 이른다. 그러나 1월 10일 기준으로 정부에 피해를 신고한 이는 6,715명뿐이고 이중 1,518명이 숨졌다. 정부가 피해를 인정해 구제급여를 지원한 대상자는 895명(중복 포함)이고 특별구제계정으로 지원한 대상자는 2,144명이다. 최근 민생법안 198건이 국회를 통과했지만 가해기업의 입증책임을 늘리고 피해자에 대한 추가 지원내용이 포함된 가습기살균제 특별법 개정안은 여전히 국회 법제사법위원회에 계류되어 있다.

또한 한 번도 겪어 본 적 없는 코로나19로 인한 소비자문제, 집단소송, 징벌적 손해배상 등 소비자 권익증진 관련법률도 해결과제로 남아 있는 상태다. 이에 소비자 정책보안 및 보호 구제책 마련 등을 위해 전문가를 모시고 논의하는 자리를 만들었다.

- 일시: 2020. 4. 23.(목) 오후 3시~ 5시
- 장소: 서울YWCA회관 4층 회의실

사회/김보금 소장
(사.한국여성소비자연합전북지회 소장)

변웅재 변호사
(한국소비자단체협의회 자율분쟁조정위원장)

임은경 사무총장
(전.한국소비자단체협의회)

백병성 소장
(소비자문제연구소)

이정수 사무국장
(전.소비자재단)

Part1) 코로나19 시대와 소비자문제

김보금 안녕하세요. 바쁘신 일정 중에 오늘 소비자 3법 및 코로나19 소비자 대응책 등 논의 자리에 함께 하신 여러분께 감사드립니다. 먼저 코로나19 관련 소비자 불만이 급증하고 있습니다. 어떤 대안이 필요한지 논의해 보고자 합니다.

백병성 국민생활 지침이 변화하고 있습니다. 또 소비자뿐만 아니라 산업계에도 큰 변화의 물결이 닥쳐왔습니다. 정부에서 긴급재난기금을 지급한다는 이야기가 나오고 있는데 국민이 소비자라는 관점에서 국민이 우선, 소비자가 우선이기 때문에 지지하는 입장입니다. 코로나사태로 인해 소비자문제가 어떻게 바뀔지는 예측 불가하나, 현재 발생되는 문제에 대해 현명한 지침과 대응책이 필요한 시점입니다.

이정수 소비자는 단기간 내 발생된 행사(돌잔치·예식장) 취소 위약금, 여행 분쟁 관련 위약금을 100% 부담하기 억울한 측면이 많습니다. 사업자도 피해를 입은 입장이기 때문에 위약금을 안 받을 수도 없는 상태에서 소비자 재단에서 소비자 기금이 마련되어 있었다면 이런 분쟁 상황에서의 역할이 가능할 수 있었을 텐데… 아쉬운 마음입니다. 공정거래위원회 소비자정책국과 회의할 때 위약금 분쟁은 정부차원에서 개입할 수 없어 민간에서 해결하는 수밖에 없다는 입장이었습니다. 사스나 메르스 사건이 있었지만 지금처럼 장기화, 대규모의 문제 상황은 그 누구도 예견하지 못한 재난이기 때문에 이러한 상황 발생시 소비자분쟁은 어떻게 할 것이냐에 대한 고민이 필요합니다. 법적인 효력이 없을지라도 소비자단체가 나서서 소비자단체와 사업자간 협약과 조정을 통한 역할이 중요합니다. 소비자단체 협의회와 서울시가 이 부분을 함께 추진하려는 노력이 있었습니다. 재난 기금에서 소비자는 소외되고 있는데, 소비자 기금이 있었다면 재난 발생 시 합리적인 선에서의 소비자 피해 구제를 위한 역할이 가능했을 것이라고 봅니다.

변웅재 전 세계적인 문제 상황에서 before 코로나 – after 코로나로 나뉘게 되는 큰 변곡점을 맞은 것 같습니다. 가장 큰 변화를 짚어보자면
첫째, 오프라인 중심에서 온라인 중심의 소비로의 전환을 가져왔다는 점입니다.
온라인 소비플랫폼을 차후 어떻게 가져갈 것인가에 대한 소비자단체, 정부와 사업자단체가 진지하게 논의해야 할 필요가 있습니다. 그동안 소비자보호가 오프라인 중심이었는데, 온라인상에서의 문제가 계속 발생되면서 소비자 분쟁 해결 메커니즘이 부족한 상태입니다. 이번 기회에 재정비를 할 필요가 있고, 이에 소비자단체의 적극적인 역할이 중요합니다.
두 번째는 우리나라의 소비자 보호시스템은 사후적 시스템입니다. 현재 코로나 상황에 대한 법률상 해석이 명확치 않습니다. 불가항력이라고 볼 것이냐, 사정 변경으로 볼 것이냐에 대한 의견이 분분했습니다. 개인적으로도 불가항력은 아니라고 보았지만, 국제적 피해로 확대되다보니 불가항력 같다는 예감이 들었습니다.
법률상 명확히 확정이 돼야 소비자분쟁해결기준이 적용될 수 있는데

이에 대한 명확한 정의가 나오기 전까지 소비자가 피해구제를 받을 수 없다면 소비가 위축되고 경제가 침체되는 악순환을 가져올 수 있게 됩니다.

어느 한 항공사의 경우, 예약을 취소해도 100% 환불해주겠다는 고객지침을 제시하자 기대소비가 향상되면서 예약소비자가 급증했고 이는 매출로 연결되는 좋은 선례를 남겼습니다. 환불 보장이 되면 소비가 활성화 될 수 있습니다.

재난 발생시에 소비자기금에서 보상을 해주고, 차후 불가항력으로 판단되기 전까지 일정기간 동안 소비자가 피해를 고스란히 떠안는 것이 아니라, 적절한 위약금 등을 소비자기금에서 처리함으로써 신뢰가 기반이 되어 소비가 계속될 수 있도록 해야 합니다. 차후에 불가항력인지 판단이 나면 법률안에서 조정될 수 있는 방안이 필요하다고 봅니다. 우리나라의 사후보상제도는 한계에 다다른 상태라고 할 수 있습니다.

세 번째, 소비자보호가 보상위주가 아닌 사전 리스크 관리로 가야 합니다. 코로나19 상황을 겪으면서 살균제품 등 긴급으로 필요한 물품에 대한 긴급 승인·인증을 해주게 되면서 안전성에 문제가 발생되지 않을까 예상됩니다.

기존 마스크 수입 절차가 6개월 이상이 걸렸다면, 최근은 급하니깐 수입 통과절차가 간소해져 이로 인한 2차적 문제가 발생될 수 있는 가능성이 있으므로 소비자보호시스템을 리스크관리시스템으로 가야 한다는 입장입니다. 리스크에 대한 문제를 계속 모니터링 하느냐, 누가 할 것인가, 문제가 발생하면 제대로 신속하게 즉각적으로 관리될 수 있는 시스템을 고민해야 합니다.

소비자가 문제가 있을 때 리포팅 할 수 있는 채널, 정부 특정부서의 독점이 아닌 소비자단체에 위임을 하여 모니터링 하는 형태가 필요합니다.

백병성 코로나19 사태가 발생했을 때 먼저 접한 곳이 1372상담센터였습니다. 소협차원에서 이슈를 가지고 공정위와 협의하고, 정부에서 가이드라인을 빨리 만들어야 하는 상태인데 민간이 알아서하라는 방식은 소비자 문제를 방치한 게 아닌가라는 생각이 들게 됩니다. 가이드라인과 지침이 마련될 필요가 있습니다.
(이후 소비자 분쟁 해결 기준의 개정으로 1급 감염병 발생 시 위약금 기준이 신설됨.)

이정수 공정거래위원회가 활발하게 뭔가를 해보려는 의지가 없어 보입니다. 최전방에서 코로나에 대한 '무엇이든 물어보세요' 창구를 만들어 책임지고 나아가면 소비자보호 정책기관으로서의 자부심과 소비자의 입장 대변이라는 기능수행이 가능할 텐데 그렇지 못하다 보니 혼란스러운 상황입니다.

변웅재 논의를 했었으나 정부에서 끼어들지 말라는 입장이 있었던 것 같습니다. 정부의 개입은 최소한으로, 불가항력에 대한 정의는 법원에서 결정하라는 입장인 것 같습니다.

김보금 겨울에는 코로나19 상황이 더욱 악화될 수 있으므로 소비자단체가 적극적으로 정책 제안과 문제점을 지적해야 할 필요가 있습니다.

전라북도의 경우 지역의 소비를 활성화시키기 위해 지역재난기금에서 소비자 보호를 위해 일부 위약금 등의 금액을 보조하는 방식의 처리를 건의하였습니다. 이에 대해 방안을 찾아보겠다는 입장을 보이는 상황입니다. 명목상이라도 1~2억 원을 재난발생 시 소비자보호를 위한 기금으로 마련해 놓는다면 소비자 권익 증진을 위한 상징적인 의미도 있다 할 것입니다.

변웅재 홍콩의 경우 태풍 피해가 많아 태풍 등급에 따른 조치가 정해져 있습니다. 전염병도 정부 차원에서 등급을 매겨 소비자 주의사항 제시 및 위약금 기준에 따른 가이드라인 등의 제시할 필요가 있습니다.

정부는 재난 등급을 매기고, 그에 따른 행동수칙, 지원정책 등에 대한 가이드라인을 명확히 제시할 필요가 있습니다.

소비자 보호 지침, 사업자에 대한 지원 대책 등을 제시하여 시스템 구축할 필요가 있습니다. 홍콩·대만의 경우 국민들이 다 참여하고 정부의 지침에 동의하여 일상화된 상태입니다. 조치와 책임관계가 명확하면 손해에 대해 국가에서 미리 소비자 기금, 기업 기금 등의 운용을 통한 정확한 지침이 나올 수 있을 것으로 예상됩니다.

Part2) 새로운 형태의 소비자 문제의 발생

김보금 ㈜레몬트리 모바일쇼핑몰 관련 피해가 한 달 사이 1천여 건 접수되었습니다. 피해자 카페에 지역 소비자단체 피해구제 창구가 소개되면서 소비자피해 상담이 집중되고 있는 상태입니다. 새로운 형태의 소비자 문제가 발생되는 현황과 대안·대책을 짚어보는 시간을 갖겠습니다.

이정수 최근 언론기사에서 SNS 임블리로 불린 유명 인플루언서가 판매한 화장품을 사용 후 피부질환이 생겼다며 소비자들이 낸 손해배상 청구소송에서 패소 한 것을 확인했습니다. 소비자들의 피부질환이 화장품으로 인해 발생했다는 인과관계가 명확히 입증되지 않았다는 게 이유였습니다.

SNS를 통해 거래하는 소비자가 증가하면서 이와 같은 피해가 지속적으로 발생되고 있고, 피해 연령 소비자가 다양해지면서 피해 예방을 위해 올바른 정보를 취득해야 하지만 소비자도 역량 부족한 상황이고 객관적이지 않은 정보가 너무 많다 보니 소비자 입장에서는 혼란스러운 상황입니다.

우리나라 현행 법률 시스템은 문제가 발생된 후 불완전한 법률로 인해 구제할 수 없는 사각지대가 발생되고, 이를 보완하는 형태로 뒤늦게 법 개정이 이뤄지고 있습니다. 이 과정에 계속된 소비자피해가 발생될 수밖에 없고, 그래서 현장에서 소비자운동을 하고 있는 소비자단체의 역할이 중요합니다.

백병성 이러한 피해는 계속해서 발생될 수밖에 없습니다. 전통적인 교육 방식이 아닌 사회변화에 발맞춰 습득하고 활용 가능한 방향으로의 다양한 교육 컨텐츠 제공 등이 필요한 상황입니다. 소비자 스스로의 역할과 책임이 그만큼 중요합니다.

김보금 온라인-모바일 플랫폼 시장의 불완전 판매가 성행하고 있습니다. 그만큼 제도적, 법률적 소비자 보호장치가 완벽하지 않다고 볼 수 있을 것 같습니다.

변웅재 첫 번째, 전통적인 방식으로 허가 없이 거래되는 형태가 여전히 발생되고 있어 소비자문제가 야기되고 있다고 볼 수 있습니다.
두 번째는, 사업자에 대해 허가별로 규제하기 때문에 상대적으로 규제가 약한 분야로 사업방향을 잡는 사업자가 늘고, 책임 회피 성향을 보일 수 있는 가능성이 있습니다. 따라서 인허가 중심이 아닌, 행위 규제 방식으로 사업자 책임을 강화할 필요가 있습니다. 예를 들어, 투자와 소비가 섞이는 형태의 상품서비스가 등장했는데 유사투자정보서비스의 경우, 소비자가 업체로부터 투자정보를 받아 소비를 하는 형태라고 볼 수 있습니다.
개인정보도 금전적 가치가 있기 때문에 소비로 봐야합니다. EU의 경우 개인정보를 제공하는 것도 소비로 보고 있습니다. 시대가 변한만큼 소비에 대한 명확한 개념 정립이 필요하고, 소비에 따른 일정 기간에 대한 청약철회권도 인정될 수 있는 소비환경으로 변화가 필요합니다.

임은경 변호사님 말씀하신 소비환경이 구축되기까지의 시간 동안, 사각지대처럼 발생되는 그 문제를 어떻게 해결할 것인가가 문제인 것 같습니다.

변웅재 공통된 문제의 행위들을 규율하는 방법으로 진행되야 합니다. 소비자기본법상 사업자의 의무를 구체적으로 할 필요가 있으며, 이를 위반 시 책임과 보상, 악의적일 경우 징벌적 손해배상까지 진행하는 캐치홀클로즈(Catch All Clause) 방향으로 가야 합니다.

Part3) 소비자3법에 대한 논의

김보금 변호사님께서 징벌적 손해배상을 말씀하셨으니 자연스럽게 소비자3법(소비자집단소송제, 징벌적손해배상제도, 소비자기금) 관련 이야기를 나눠 보고자 합니다.

백병성 기존 제조물책임법 등 징벌적손해배상은 3배 배상 기준이 있는데 허울만 3배 배상이지 실제 배상이 진행되는 경우는 볼 수 없었습니다. 지하철 무임승차는 운임의 30배 배상이고, 공직선거법 위반은 10~50배 배상을 청구하면서 소비자보호관련 법률은 3배 배상기준만 있는 것인지 안타깝습니다. 법 자체가 실익도 없고 실효성도 맞지 않다고 볼 수 있어 현행 법률에 아쉬움이 많습니다.

임은경 소비자3법을 이야기하면서 같이 주장했던 것이 입증책임의 전환책임이었습니다. 시민단체가 연대해서 집단소송제가 통과될 수 있도록 범시민단체연대로 단합하는 과정이 있기도 했습니다.

김보금 소비자집단소송제 도입을 더불어민주당에서 도입하는 공약을 제시했고, 그 이후 4월 21일자 언론기사에 '코로나보다 무서운 소비자집단소송제'라는 제목을 글을 기사화했습니다. 마치 도입되면 당장이라도 기업에 큰 타격이라도 줄 것 같은 사회분위기를 조성하는 글들이 우려되기도 합니다.

임은경 소비자단체협의회에서 1년 넘게 소비자집단소송제 독자법안을 연구하고 요구하면서 징벌배상, 입증전환을 법안에 포함시키고자 노력하고 있는데 여론전으로 차단하고 있는 상태로 보여 안타깝습니다.

변웅재 소비자집단소송제도는 큰 의미가 있습니다. 집단소송, 징벌적 손해배상제도가 소비자피해배상 문제 이전에, 기업이 의사결정을 할 때 고려 대상이 된다는 것입니다. 리스크는 모든 제품에 존재하고 100% 안전성을 보장할 수 없습니다. 기업은 제품에 결함 및 문제가 되었을 경우 집단소송이 제기될 수 있고, 징벌적 손해 배상금액의 규모까지 계산하면서 제품의 결함, 안전성에 대한 검토가 좀 더 정밀하게 진행될 수 있게 된다는 시사점이 있습니다. 여기에 하나 항목을 더 추가하자면 소비자단체의 역량입니다.

　기업은 손해배상이 얼마까지 생길 것이냐, 해당국가의 정부 의지, 소비자단체의 역량을 고려하게 된다는 것입니다.

　집단소송, 징벌적 손해배상은 소비자단체의 역량이 없으면 아무런 의미가 없게 됩니다. 소비자단체는 대리권이 없고, 법률대리인을 한다 할지라도 집중할 인력과 비용이 투자해야 되나 소송비용을 보상받을 수 없게 됩니다. 법이 작동이 되려면 실질적으로 이 법률을 이끌고 나아갈 소비자단체의 역량을 강화하기 위한 조치가 필요합니다.

　한편으로는 소비자법률구조법인을 만들 필요가 있습니다. 현재 우리나라는 성폭력상담소, 대한법률구조공단 2개 법률구조체계인데, 재단법인 형태의 정부 출현 형태의 소비자법률구조법인이 필요한 상황입니다.

Part4) 소비자 재단과 소비자 기금의 현재 상황

이정수 소비자 기금은 2013년부터 대통령 후보들이 공약으로 제시되었고, 이를 전문적으로 연구, 추진할 수 있도록 소비자재단이 만들어졌으나, 공정거래위원회의 재단법인 승인 추진 과정만 2년의 시간이 소요되었습니다.

재단법인 승인당시 소비자운동이 기업과의 대립되는 구도인데 기업으로부터 기금을 받으면 운동의 신뢰성, 투명성, 중립성이 훼손될 것 우려가 많았고, 기업의 기금을 받지 않는 조건으로 일반 소비자에게만 기금을 받을 수 있다는 정관 조건으로 승인을 받게 되었습니다.

현재는 기업으로부터 일반인 대상 소비자교육의 목적으로 기금을 받을 수 있도록 예외를 두고 있는 상태입니다. 소비자재단은 각 소비자단체별로 5천만 원의 기금을 받아 시드머니를 마련한 상태입니다. 소비자기금이 마련돼야 소비자권익차원의 구체적인 실행계획이 세워질 수 있으나 현재 기업기금에 대한 정부의 부정적인 입장이라 정부 예산을 요구했으나 수용되지 못했고, 20대 국회에서도 관심이 없는 상태에서 종료될 것 같습니다.

독일의 경우 중앙정부, 지방정부가 소비자단체에 예산을 주고 제품시험, 검사 등을 실시하고 소비자권익을 위해 소비자단체를 지원하는 형태로 운영되고 있는 점을 참고하여 우리나라 현시점의 소비자정책을 고민할 필요가 있습니다.

변웅재 독일의 경우, 소비자 운동은 소비자단체가 하는 것이고 이를 뒷받침하기 위해 예산을 소비자단체에 주는 시스템으로 운영 중에 있습니다. 이 방법이 중립성을 유지하는 길로 보고 있습니다. 우리 정부는 소비자보호를 하겠다고 하지만 정책의 실현은 안 되고 있는 상태라고 할 수 있습니다.

이정수 20년 소비자운동을 하면서 느낀 것은 시민단체가 우리사회를 건강하게 하고 없어서는 안 될 존재인데 활동에 대한 지지기반이 없는 상태에서 이대로 가다가는 활동가가 얼마나 남아 있을까? 생각을 하게 됩니다.

운동의 형식이나 방향, 내용이 시대에 뒤쳐진 상태에서 현재 활동가들은 애정과 사명감으로 소비자운동을 진행하고 있지만, 이제는 우리 후배들이 능력과 역량을 충분히 발휘할 수 있고, 그래서 소비자운동을 통해 국가와 사회를 좀 더 건강하고 공정하게 만드는데 소비자기금이 있어 지원할 수 있게 되길 바라봅니다.

변웅재 기업이 재단을 많이 만들고 있습니다. 미국의 경우, 재단에서 학생에게 장학금을 주는 조건으로 졸업 후 공공부분에서 의무적으로 몇 년간 일을 하게 합니다. 이처럼 기업의 비용으로 공공시설 등이 운영되고 지역발전, 소비자를 위한 활동에 지원이 되고 있습니다. 기업이 재단을 만들어 기금을 제공하는 형태는 이미 기업과 재단이 분리된 상태에서의 사용이며, 그 이후의 사용은 자유로운 것이며 정상적인 사용이라고 할 수 있습니다.

김보금 환경재단/여성재단의 경우 대학원 입학생은 장학금을 지원해 주겠다는 문서를 받은 적이 있습니다. 소비자단체의 경우 이런 복지서비스가 전혀 없는 상태입니다. 우리 단체의 경우 5년 이상 된 직원의 경우 대학원 진학을 지원하고 있습니다. 또한 학비 50%를 지원하는 활동가 복지제도를 운영하고 있습니다. 대외협력 프로그램의 일환으로 국제소비자단체 등 견학 등을 추진하고 있는데, 특별한 케이스입니다. 한 단체의 모범 사례가 아닌, 소비자재단과 소비자기금을 통해 소비자단체협의회 소속 모든 활동가들에게도 보편적인, 일반적인 활동가 복지 서비스가 진행될 수 있길 기대해 봅니다.

Part5) 1372 소비자상담센터와 지방소비자행정의 안정화

백병성 소비자단체 지원방식이 바뀔 필요가 있습니다.
사무실 운영에 있어 최소한의 기본 경비가 발생되고 있으나, 이에 따른 예산 없이 1372 상담 비용만 지급되고 있기 때문에 별도의 인건비 책정을 통해 일부(30~40%)를 지원하는 형태로 소비자단체 재정의 안정화가 필요합니다.

임은경 1372 소비자상담센터 전국에 232개선의 회선이 있고, 소비자단체가 181개 회선을 소화하고 있습니다. 상담건의 50% 이상이 수도권역 내이고, 대전·충남 이하 권역은 50%가 되지 않는 상태입니다. 그럼에도 불구하고 지방소비자단체가 1372 상담센터 콜을 운영하고 있는 이유는 사후 소비자 피해 정책에 집중하고 있는 행정시스템 내에서 1372상담센터 전화를 받아야 전문소비자단체로서 위상을 인정을 받을 수 있으며 지방자치단체로부터 사업비 보조를 받을 수 있는 시스템의 한계 때문입니다. 지방자치단체의 보조와 1372 중앙부처 보조가 맞물려야 지방소비자단체 행정이 안정화가 될 것이라고 봅니다.
기존 지역의 소비자문제에 집중하던 체계에서 1372시스템이 운영되면서 지역의 소비자문제에 대한 장악력이 약해졌다고 볼 수 있지만, 지역내 소비자 운동에 집중하고 지역 소비자의 목소리를 대변하는 단체들의 활약이 있습니다.
1372 시스템 구축에 있어 하드웨어시스템을 민간(소비자단체)에서 운영하기 힘든 점이 있었기 때문에 한국소비자원이 가지게 되었고, 이로

인한 빅데이터 자료와 분석 권한이 한국소비자원에 있게 되면서 소비자문제에 대한 정보력과 해결력, 협상력이 한국소비자원에 집중되어 있어 기업에 영향력을 행사하고 있습니다.

김보금 지역의 문제에 대해 분기별 자료 분석을 통해 지역소비자단체에 자료를 제공하는 역할을 할 필요가 있습니다. 지역소비자와의 유대, 지역소비자문제 문제를 풀어나가는 단체로서의 역량도 필요하며, 정부, 지방자치단체의 고민도 필요합니다.

Part6) 소비자정책위원회의 독립성, 권한 강화

백병성 소비자정책위원회가 국무총리실 산하 조직이며 공정거래위원회가 간사기능을 하고 있는데, 대부분의 영향력을 공정거래위원회에서 행사하고 있는 것으로 보입니다.

소비자 단체의 위상을 제대로 가져가기 위해서는 사회전반에 걸친 문제에 대해 적극 개입하여 목소리를 낼 필요가 있습니다. 세월호 문제도 결국은 소비자문제입니다. 적재화물에 대한 규제완화로 발생된 대참사로 소비자문제임에도 공정위, 한국소비자원, 소비자단체가 빠진 상태에서 논의되고 있습니다.

소비자정책 기능이 제대로 발휘하지는 못하는 위기상태의 심각성을 느껴야 하고 운동가 기질을 발휘할 필요가 있습니다.

변웅재 소비자정책위원회가 긴급한 소비자문제를 논의하고 이에 때한 대안과 해결책을 제시하는 등의 재빠른 행동을 기대했으나 세부 역할 분담 및 규정을 만들면서 소비자정책위원회의 기능은 보조·보충의 역할기능을 수행하고 있는 것을 볼 수 있습니다.

라돈침대 관련 사건이 발생되었을 때에도 원자력안전위원회가 핵심 역할을 담당하고 소비자정책위원회가 큰 역할을 하지 못한 아쉬운 부분이 있습니다.

좀 더 강화된 소비자정책위원회 기능을 위해서는 소비자권익 실현에 손발이 될 수 있는 소비자정책실을 만들고 소비자 문제만을 전문적으로 취급하고 각 부처 소비자관련 업무를 총괄하는 역할이 필요합니다.

Part7) 소비자단체에 대한 시대적 사명과 소비자단체에 대한 응원

백병성   소비자단체 간 업무영역이 비슷하기 때문에 분야에 대한 선택과 집중이 필요할 것 같습니다. 기존의 일반적 재화와 서비스영역에서의 문제 뿐 아니라 전문분야에 해당하는 의료소비자 문제, 공공서비스 문제, 약값 결정에 따른 불합리성 등에 대한 문제 등에 관심과 전문성을 갖춰야 합니다.

또한 소비자단체가 도입하고자하는 징벌적 손해배상, 집단소송, 소비자기금 마련 등의 추진에도 힘을 싣기 위해서는 끝까지 포기하지 않고 연대하고 물고 늘어지면 언젠가는 될 수 있다 응원합니다.

이정수   위기의식을 많이 느끼고 있습니다. 소비자운동에 있어 소비자상담이 가장 중요시되었고, 애정이 가장 큰 분야이기도 합니다. 시대적 변화로 인해 단순 소비자 정보 제공은 AI로 가능하게 되고, 역량 있고 주도적인 소비자단체·운동가가 줄어들면서 그 공간을 변호사가 채우게 되고 이 과정에서 단체의 입지가 좁아지고 소비자운동의 가치가 훼손되는 상황이 발생되지 않을까 염려되고 있습니다. 또한, 앞으로 활동에 대한 고민이 많습니다. 소비자운동의 전문성을 키우는 방법으로 소비자기금을 토대로 운동가를 훈련시키고 새로운 영역을 개척하고 꾸준히 활동을 해주고 시대에 맞게 SNS를 통한 소비자 운동을 해주는 과제들이 남아있는 것 같습니다.

소비자문제도 제도권 내에서 해결할 수 있도록 정치 세력화하는 노력 등도 필요합니다. 소비자대표를 만들어 비례대표로 추천하거나 소비자당을 만드는 등 정치세력화해서 소비자의 목소리를 전달하는 역할이 필요하리라고 봅니다.

임은경 단체 재원의 허약성이 단체의 전문화를 더디게 한다고도 볼 수 있습니다. 정치적이지 않고 사회문제와 직접 연결되지 않을 경우 기부나 지원에 대한 지원이 쉽지 않습니다. 자체 단체재원을 튼튼히 하거나 독일처럼 정부가 전폭적인 단체에 대한 지원을 하지 않으면 소비자운동이 제대로 될 것이냐의 문제점에서 기금이야기가 나온 것인데 기금이 마련되지 않으면 향후 더 어려워지지 않을까 싶습니다.

소비자의 목소리에 힘을 싣기 위해서는 앞서 언급되었듯이 소비자의 정치세력화가 필요한 시대가 되었습니다. 시민단체에서 활동했던 인사들이 전문직을 달고 정치에 입문한 경우는 많지만 활동가들이 입문하는 경우는 거의 없다고 볼 수 있습니다.

백병성 소비자가 꾸준히 목소리를 내면 여당·야당이든 소비자가 국민이라는 인식을 하게 될 것이고 정치권내에서도 소비자·소비자단체를 고려하게 되는 환경이 될 것입니다.

변웅재 법령을 보면 소비자단체에 대한 TO(Table of Organization)가 있습니다. 소비자의 입장을 대표할 수 있는 단체인력을 요청하는 분야가 있기 때문에 법에서 정하고 있는 권한을 잘 활용해 보시면 좋을 듯 싶습니다.

두 번째는 다른 전문기관과의 협력이 필요합니다. 세 번째는 온라인을 활용한 소비자보호대책을 강화할 필요가 있습니다.

김보금 저희 단체는 SNS 뉴스레터를 발간해서 소비자와 소통하려고 노력하고 있습니다. 어렵지만 처음 시도해 보는 작업들을 통해 직원간 역량개발과 한 단계 앞으로 나아간 모습들을 볼 수 있었던 계기가 되었습니다.
　소비자단체가 나아가야할 앞으로의 방향이 두렵기도 하지만, 시대적 사명을 감당하며 나아가야 할 길이 의미 있다고 할 수 있습니다.

이정수 사회가 변화하고 있기 때문에 소비자 단체의 역할은 무궁무진합니다. 사회가 변화하는 만큼 우리의 일상이 바뀔 것이고 이에 따른 소비자정보와 지식, 새로운 소비자 문제의 출현, 소비자 욕구의 다양화가 진행될 것이고, 이에 따른 소비자 단체의 역할 또한 중요합니다. 현재 소비자단체의 역량보다 소비자의 역량이 앞서가는 상황이기 때문에 이 간격을 좁히고 소비자와 함께 하는 단체가 되어야 합니다.

백병성 소비자 단체가 있음으로 누군가가 하소연하고, 말할 수 있는 창구가 있다는 게 큰 의미입니다. 개인적으로 단체가 발전하고 목소리내면서 운동다운 운동을 해야 하는 혁신의 문제를 안고 있다 생각합니다.

임은경 소비자 문제를 경험하고 그것을 해결하는 과정 중에 있는 소비자 집단과 소통하는 과정에서 어려움을 겪게 되는 경우가 많습니다. 피해주장과 입증책임의 관계를 명확히 할 수 없는 경우, 합리적인 선에서의 중재와 조정이 어려울 수 있기 때문에 비대면 사회로 갈수록 소비자단체와 소비자 간 소통이 무엇보다 중요할 것이라 봅니다. 소비자의 의견을 반영할 권리가 소비자단체를 통해 목소리 낼 수 있는 역량과 영향력을 가질 수 있도록 노력해야 할 필요가 있습니다.

김보금 다들 바쁘시지만 좌담회에 참석해주셔서 감사합니다. 소비자 관련 전문가와 활동가들이 좀 더 나은 세상을 위해 고민하고 논의하는 과정에서 문제점과 대안, 나아가야할 방향에 대해 그림을 그리고 싶었습니다. 우리끼리의 소통이 아닌, 논의된 좋은 대안과 정책들이 현실화될 수 있도록 소비자 단체가 함께 연대하고 목소리를 낼 수 있도록 단체 역량에 집중하는 계기가 되기를 바랍니다. 긴 시간 동안 감사했습니다.

제5장

신문 기사로 본 소비자 현장 이야기

제5장
신문 기사로 본 소비자 현장 이야기

삶은 기적이다.
인간은 신비이다.
희망은 불별이다.
그대 희미한 불빛만 살아있다면
그러나 그대 사라지지 말아라

- 박노해(그러나 그대 사라지지 말아라)

1. 보험회사가 "과실사"를 "자살사"로 바꾸어 보험금을 지급하지 않은 사건

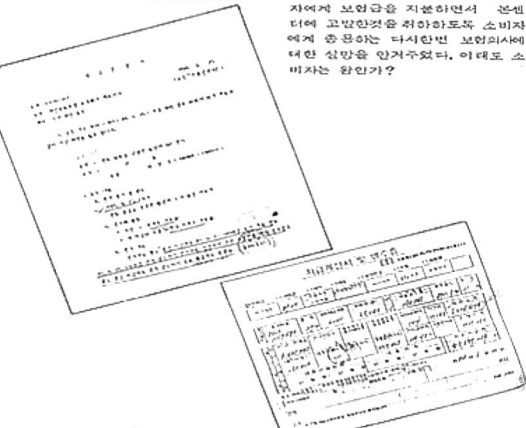

지금 생각해도 황당한 사건이다.

88년 5월, 70대 노부부께서 방문하셨다. 동네 이장님 소개로 오셨다고 한다. 필자는 한동안 민방위대원, 농민교육원, 학부모교육 등 소비자권리를 지키자며 강사료 없이 물 한 잔만 줘도 열강을 하고 다녔다. 특히 농촌지역은 불량농기계에서 건조기, 종자 분쟁, 밭떼기 등 소비자고발 사례를 설명하며 전파가 빠른 이장님들 대상 강의에 정성을 다했다. 마침 이분들도 이장님이 안내해서 오셨다.

사연인 즉, 서울에서 직장을 다니던 아들이 퇴근길에 불량배에게 맞아 집으로 와 요양을 했다고 한다.

아들은 매일 이른 아침에 산책하곤 했는데, 어느 날 산책하러 나간 아들이 돌아오지 않아 걱정하고 있던 차, 아들이 저수지에 빠져 사망했다는 경찰서의 연락을 받았다. 확인 결과 저수지에서 실족한 과실사가 사망 원인이었다. 이후 누나가 들어준 보험회사에서 입금한 보험료만 찾아가라는 연락을 받았고, 보험료 수령 후 확인서에 사인을 요구했으나 글씨를 모르는 아버지는 동네 이장께 확인하고 사인을 하겠다며 보험사 직원과 다투는 현장을 마침 이장이 목격했다. 확인서를 읽어 보니 아들이 "과실사"가 아니라 "자살사"라고 되어 있었다. 결국 "과실사" "과" 자를 "자살사" "자"라 고쳤다. 당시 한국보험공사에 민원 공문을 보냈고 해당 보험사는 잘못을 시인하였다.

처리 과정에서 지급이 늦어진 만큼 이자까지 계산해서 자살이 아닌 과실사로 보험금 전액을 받게 되었다. 당시 지역에선 이 사건이 방송사별 저녁 뉴스를 장식하였다. 더욱 황당한 일은, 경찰서의 사망확인서 등 필요서류를 필자에게 제출할 때는 노부부가 두세 번의 버스를 갈아타며 어렵게 방문했었는데 막상 보험금이 지급되는 날에는 보험금에 욕심난 친척들까지 찾아왔었다. 또한, 이장은 노부부께 소비자센터에 대신 감사 인사를 하겠다며 보험금 일부를 가져간 사실을 안 필자는 이장에게 연락해 돈을 찾아주는 일까지 해야 했다. 아들 죽음으로 받은 보험금이 사라질 뻔한 사건이었다.

2. "아무래도 가짜 꿀 같아요."

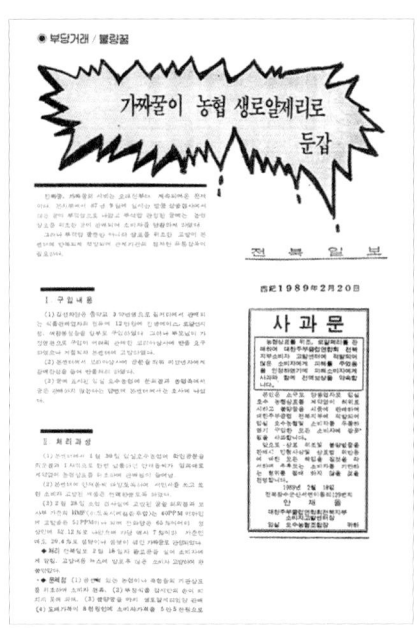

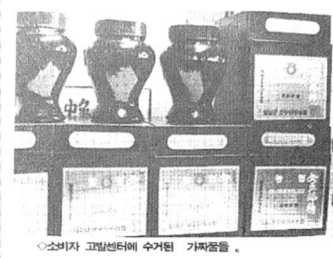

"아무래도 가짜 꿀 같아요."

ㅇㅇ백화점 식품 코너에서 꿀을 샀는데 색상과 맛이 이상하다며 품질 검사를 요청해오셨다. 보라색 고운 공단을 입힌 '백화점용' 꿀은 고급스러워 보였고 일반 꿀 가격의 10배 차이가 났다. 겉으로 보기엔 진짜 꿀, 가짜 꿀을 파악할 수 없었다.

지금은 한국소비자원이나 식품의약품안전처에서 검사를 할 수 있지만, 당시만 해도 전북지역에 식품검사 기관으로 전북보건환경연구원이 있어 성상 검사가 가능했고, 진짜 꿀 진위 여부를 의뢰했다.

검사 결과 설탕과 캐러멜 색소를 혼합한 가짜 꿀로 확인됐고, 상표는 지역의 농협에서 생산된 것으로 되어 있었다. 검사 결과를 판매한 백화점에 통보하였고, 남아 있는 많은 양의 문제의 꿀을 수거해서 본 단체 사무실 창고에 보관했다. 그리고 해당 생산농협에 연락하자 꿀을 판매한 적이 없다는 어이없는 답변을 받았다. 어떻게 알게 되었는지 생산자가 나타났다. 사실조사 결과 생산자는 깊은 산속에서 위조상표를 가지고 대량으로 꿀을 만들어 판매하였다.

지금 생각하면 당시 법 규정도 없는 리콜을 처음으로 진행한 사건이었다. 지역신문에 사과문을 올리고 구입한 소비자에게는 꿀 가격을 환급해주는 과정을 거쳤다. 이후 창고에 있던 백여 개의 꿀을 폐기처분하는 것도 힘든 과정이었다. 더욱이 이 사건 이후 한동안 퇴근 때 스토커처럼 내 뒤를 미행하던 사람이 있었고 그때를 생각하면 지금도 머리가 쭈뼛할 정도로 무섭다.

과학과 기술이 발달하였다지만 혼합된 식품의 성분검사는 지금도 국가과학수사연구원이 아니면 답을 찾기 어렵다. 그래도 지금은 양봉업계의 발전과 노력으로 가짜 꿀 소동은 줄어들고 있다.

3. 냉장고에서 오토바이 소리가 들려요.

1975년 6천여 명의 젊은 아빠와 삼촌들이 고열과 모래폭풍이 이는 중동 사막으로 외화벌이에 나섰다. 1978년에는 10만 명에 육박했고 한때 20만 명에 달했다.(《경향신문》 2015년 4월 2일) 이들이 귀국시에 가져온 선물들 일부는 바로 TV와 전축 등이었다. 이후 88올림픽을 전후로 백색가전이라고 할 수 있는 냉장고와 TV와 세탁기, 전축 구입이 많아지면서 가전제품에 대한 소비자 불만도 많아졌다.

우리 단체는 매년 소비자 불만에 대한 통계를 분석한다. 이는 품목별 상품과 소비자 불만 내용 그리고 처리 여부를 파악하여 소비자피해예방 자료로 활용도 하고 소비자에게 정보를 제공하기 위해 보도자료로 이용한다. 80년대 당시 소비자 불만 1순위는 가전제품이었다. 판매과정이나 수리과정의 서비스 불만보다는 계속된 고장으로 불량품 문제이다.

농촌 지역에서는 냉장고 한 대 구입 시 1년 할부가 기본이었다. 여름철에는 날마다 각 가전제품회사 서비스센터에 접수하고 처리 여부를 파악하는 게 가장 중요한 업무였다. 이제는 제품도 좋아지고 업체별로 서비스센터 운영이 잘되어 가전제품 소비자 불만이 거의 없을 정도이다.

이후 90년대에서는 방문판매가 극성으로 출판물에 대한 강매와 허위·과장광고의 문제와 떳다방은 어르신 대상 만병통치약 허위 판매가 많았다. 지금은 코로나19로 떳다방이 잠정휴업 상태이지만 언젠가는 다시 피해자가 많아질 거라고 본다.

2000년대에는 신용카드와 이동통신 등 피해가 많아졌다. 휴대폰이 일상화되면서 처음에는 인터넷통신불량 등의 문제에서 지금은 보조금 문제 등 판매과정의 문제들이다.

최근의 피해통계는 온라인쇼핑몰과 관련된 피해가 많다. 코로나-19로 비대면 판매가 일상화되면서 생수에서 자동차까지도 온라인판매가 가능하다보니 소비자 트렌드에 따른 소비자불만이 함께 증가하고 있어 사업자도, 행정도, 소비자도 관심 있게 통계를 활용하면 좋다.

4. 전국에서 처음인「전북소비자대회」

전북소비자 대회 수상자들 　30일 전북 전주시 전북여성교육문화센터에서 열린 제20회 전북소비자대회에 김천주 한국여성소비자연합 회장 유유순 한국여성소비자연합 전주지부장 수상자들과 기념촬영하고 있다. 　　신상기 기자

1996년 12월 3일은 제1회 '소비자의 날'이다.

국회에서 소비자보호법이 통과한 날을 기념하기 위해 정부와 소비자단체협의회가 공동주관으로 서울에서 기념식을 진행한다. 제1회 '소비자의 날' 고)정광모 회장님께서는 훈장을, 필자는 대통령상을 받았다. 시상식 연습을 하기 위해 서울행사장에 오전 8시까지 오라고 하니 당시 KTX도 없어 새벽 3-4시에 새마을호 기차를 타고 어렵게 갔던 기억이 있다. 그러나 시상식이 전부였고 바로 해산이었다.

이에 2일을 앞당겨 1998년부터 12월 1일을 '전북소비자날'로 정하고 매년 지역소비자권익을 위하여 노력하신 분들에 대한 시상과 시기에 맞는 강사를 섭외하여 특강을 들었다. 또한 1년 동안 활동한 내용을 전시하면서 서로 소비자운동 회원을 응원하고 지지하는 자리로 기념식을 진행하고 있다.

또한 지역소비자 운동의 성과중에 하나가 '소비자정보전시회'다. 필자가 83년도 처음 단체에 입사한 다음날에 '불량상품전시회'가 전주상공회의소 강당에서 열렸다. 소비자 '소' 자도 모르던 필자는 더욱이 불량상품 전시를 왜 하는지도 몰랐고, 이 제품들이 전국을 순회하면서 진행되는 절차도 몰랐다. 실무자도 없는 단체에 준비가 미흡한 점들 때문에 소비자운동의 대모이신 [김천주] 회장께 눈물이 쏙 빠지게 혼이 났고, 서울에서 내려와 전시회를 진행하는 소협 단체 활동가들의 전문성에 물개박수만 치던 기억이 난다. 이후 전시회를 하기 위해서 50여 개 이상의 판넬을 직접 제작하고 상품을 전시하고 리플렛을 만들고 초청장을 만드는 작업이 이어졌다.

특히 전시공간을 얻기 위해 가을만 되면 노심초사이다. 소비자들 참여를 이끌기 위해서는 실내공간보다는 덕진공원이나 오거리광장, 백화점 주차공간 등을 빌려 전시회에 주력하였다. 비가 오는 날도 있고 태풍이 지나갈 때도 있고, 거의 밤을 새우며 준비하고 전시회를 하였다. 이때 대전 소비자교육중앙회에 이숙자 처장과는 서로 정보를 공유하며 상대방 전시에 축하하고 전시품목도 대여하였다.

소비자권익을 위해서는 지금처럼 스마트웹을 통하는 방법도 있지만 불특정다수와 만나기 위해서는 다양한 방법으로 홍보를 하던 일들이 새롭다.

5. 세탁소에서 실수한 밍크코트, 일수로 갚다.

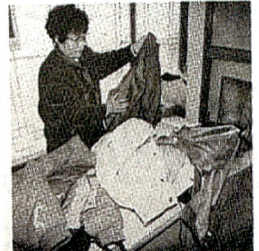

"이 밍크코트는 살림 밑천인데 어쩌면 좋아요."

피해자인 소비자도, 세탁소 사장도 사정이 딱하다.

소비자인 그녀는 오랜 세월 독일 파견 간호사로 고생하였다. 세월이 흘러 이제는 고향에서 살고 싶어 살림을 정리해서 전주에 왔다. 독일에서 출국하면서 준비한 비싼 최고급 밍크코트를 입고 공항에서 나왔다. 이후 옷을 보관하는 과정에서 롱코트라서 아랫단이 접혀 있어 가까운 세탁소에 눌린 부분을 펴달라고 세탁소에 의뢰했다. 분명히 주인과 직원은 가능하다고 하였다. 그러나 세탁소 주인은 사색이 되어 밍크코트 아랫부분이 다리미 열로 눌려 타버렸다며 어쩌면 좋을지 모르겠다고 소비자와 함께 조정을 요청하며 우리 센터를 방문하였다.

필자도 윤이 자르르 흐르고 촉감이 부드러운 고급스러운 밍크코트를 만져 보기는 처음이었다. 세탁소 사장은 당신 사정을 하소연했다. 남편은 직장에 다니고 아이들 학원비라도 도움이 될까 해서 종업원을 두고 세탁소를 시작한 지 겨우 1년이라고 한다. 천만원 상당의 밍크코트값을 배상할 사정이 안 된다는 것이다.

일단 밍크코트의 정확한 가격이 확인되어야 했다. 코트 소비자는 지금도 운영되는지는 모르지만 당시 서울남대문시장 지하수입품상가에 고급밍크코트가 유통된다며 거기에서 가격조사와 실제 서울시내 백화점에서 밍크코트 가격을 확인하면 된다고 하였다. 결국 세탁소 사장과 소비자가 함께 서울을 다녀왔고 다행히 남대문시장에서 눌린 아랫단을 잘라 반코트를 만들어 중고로 판매를 도왔다. 일단 반절 가격은 확보되었고, 나머지 반절 가격은 한 번이라도 입은 상태이고 세탁소 사장의 경제적인 사정을 감안하여 서로 양보, 합의한 끝에 중재가 원만히 성사되었다.

그러나 바로 목돈 만들기 어려운 세탁소 주인을 위해 몇 개월 동안 일수처럼 돈을 받아 처리해주었다. 사실 소비자는 세탁소보다 우리 단체를 믿을 수밖에 없다고 하여 팔자에 없는 일수 노릇까지 해야 했다. 그때나 가능한 일이지 지금은 믿고 기다리는 소비자도, 또 모르쇠로 일관하는 사업자들도 많아 불가능한 일이다. 그때를 생각하면 한 건의 소비자 피해를 처리하기 위해 수개월이 걸린 힘든 과정이었지만 잘한 일이라고 생각한다.

6. 악법도 법인가요?

무료 생활법률 상담 창구 개설

주부클럽 全北지회 28일부터 격주월요일

상담전문성 높이기 위해 일선변호사 자문도

방문판매·임대차등 생활전반에 걸친 법률구제·상담실시

생활정보

임대차 법률 피해상담 最多

대부분 소송 절차-비용 문의 등 답답함 호소

주부클럽 상담결과…주택·건물·토지-계약 順

가끔 실무자 교육할 때 '소비자단체 실무자는 움직이는 법률 사전이 되어야 한다.'고 말한다. 소비자문제는 '무형에서 유형까지', '요람에서 무덤까지' 소비자 문제 아닌 것이 없기 때문이다.

신생아로 세상에 나오는 순간부터 의료소비자이고, 세월이 다해 죽음으로 장례식장을 이용하는 과정까지도 소비자가 된다. 그러니 초등학생이 인터넷 블로그나 카페, 웹페이지에서 만화를 내려받아 여러 친구와 나누어 보았다고 불법이라며 소송하겠다는 전화에서부터 자판기를 집 앞에만 설치하여도 보관료를 주겠다는 말만 믿고 덜컥 서명했는데, 나중에 알고 보니 계약서에는 자판기 할부구매계약서라는 등, 예상치 못한 결국 소비자단체 손을 떠나 변호사의 도움이 필요한 사항들이 많다. 옛말에 "선무당이 사람 잡는다."고 잘 알지 못하는 얕은 법 규정을 가지고 상담하다 보면 실수할 수 있다. 그래서 우리 단체는 변호사들 재판이 좀 없다는 월요일을 택해 '월요 무료 법률상담'을 진행하였다. 처음 유종완 변호사, 임익성 변호사를 거쳐, 황선철 변호사, 추길환 변호사께서 수고하였고 2004년부터 현재까지도 장석재 변호사님께서 함께하고 있다.

특히 장석재 변호사님은 2020년 지역내 인터넷쇼핑몰사업자의 계약불이행 및 환불 지연에 따른 소비자피해가 전국적으로 천여 명 접수되었을 때 단돈 1원도 받지 않고 형사고소건 자문 및 대리인을 맡았다. 피해자 3백 명이 집단형사고소를 참여하기 위해서는 1인당 개인정보 동의서에서부터 입금확인서, 대리인 서류, 형사고소서류 까지 무려 5~6종류가 필요했다. 2달 동안 관련 서류를 받고 복사하고, 부족한 서류를 보완하는 등의 모든 절차를 변호사 사무실 직원들과 우리 직원들이 함께하였다.

태어나 처음 완산경찰서에 참고인 조사를 가는 필자를 위해 2시간여 동안 장 변호사님께서 동행해 주셨으며, 그는 언제나 든든한 우리의 우군이다. 지금은 법률상담이 민법이나 상법을 중심으로 진행되고 있지만, 처음엔 이혼상담에서 채무상담까지 그 범위가 넓었다. 지금은 군 단위에도 변호사 사무실이 만들어지고 자치단체에서도 법률상담을 진행하고 있으며, 가정법률상담소나 여성노동자 센터 등이 있어 관련 상담은 전문분야 상담으로 연결하고 있다. 이렇듯 전문가들의 지식 나눔이 지역공동체와 함께하는 사례 중 하나이다.

7. "좋은 말 할 때, 따라와"

늦가을에 오후 5시는 어두워지기 시작하는 시간이다.

한동안 전주시 민방위대원 대상으로 강의를 했다. 생애주기별 학생에서 청년, 주부, 또는 노인들까지 소비자교육은 필요하다. 특히, 젊은층 남성들을 교육을 통해 만날 수 있는 기회가 드물기 때문에 민방위 강의 날짜 결정되면 적극적으로 임했다. 민방위대원 연령층은 결혼 전일 수도 있고 이제 결혼생활을 막 시작한 분들도 있기 때문에 소비자 피해만이 아니라 젠더 측면에서의 여성 이야기, 가정 이야기 그리고 경제생활 중 소비자불만 사례들을 이야기하다 보면 시간이 금방 끝난다.

어느 날인가는 필자로부터 민방위 강의를 받았고, 결혼해서 딸을 낳고 보니 딸을 위해 여성단체를 돕고 싶다고 하여 단체를 찾아온 교육생도 있었다.

여하튼 10월 어느날 5시경, 강의를 마치고 강사들이 출입하는 뒷문으로 나가는데 옆구리에 날카롭고 차가운 물질이 닿더니 "좋은 말 할 때 따라와." 짧은 한마디만 남겼다. 깍두기 남자들에 끌려 강의장 건너편에 있는 덕진공원 등나무 벤치까지 끌려갔다. 밤길에 여성들이 위험하면 소리를 질러라, 호루라기를 불어라, 여러 이야기를 들었지만, 실제 당하고 보니 소용이 없었다.

그들은 강의장에 앉아서 필자의 불법 방문판매 사례를 들었는데 바로 그 사건의 핵심보스가 우리 단체가 낸 보도자료로 구속이 되었다며, 당장 풀어내라는 것이었다. 심지어 초등학교 다니는 두 딸아이 학교 조사까지 해왔고 사람 구실 못하게 하겠다는 협박까지 했다.

그날 밤 가족회의를 했고 계속 소비자운동을 할 것인가 고민을 하였고, 이후 가족 구성원 한 명이라도 연락 없이 늦는 날이면 온 가족이 불안에 떨었다. 20여 년 전의 일들이지만 지금도 수법이 비슷하다. 품목은 화장품이나 건강식품, 출판물, 이온수기, 의료기기 등이지만 지금은 고가의 안마기에서부터 금융상품권까지 다양하다. 아무리 코로나19 영향으로 비대면으로 트렌드가 바뀐다지만 사람과 사람이 만나 설명하고 판매하는 방문판매는 쉽게 사라지지 않을 전망이다.

8. 소비자는 기후변화의 피해자인가? 가해자인가?

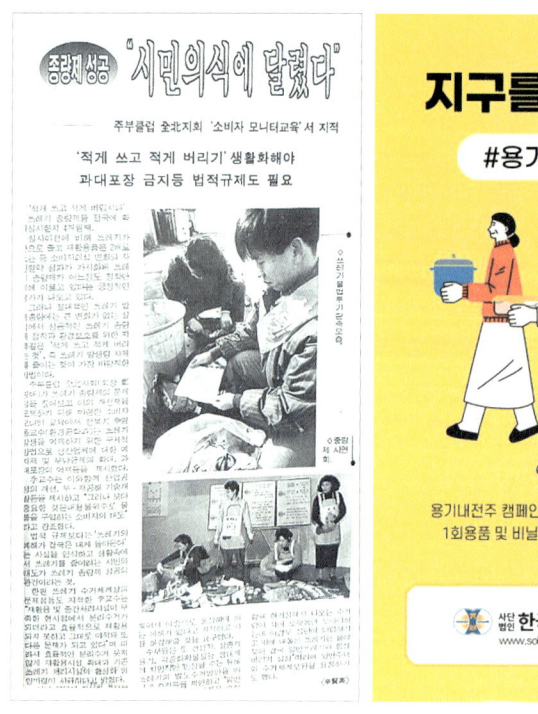

　작년 추석 전, 52일 동안 장마는 계속되었고, 배추 한 포기에 2만 원까지 올랐다. 덕분에, 배추가 금추되었다며 소비자들은 속상해하였다. 최근엔 독일과 중국, 한국에 강릉, 미국 맨해튼까지 지하철로 물이 쏟아지며 인명피해가 있었다. 이는 기후변화가 먼 훗날이 아니라 당장 지금 우리 앞에 다양한 변형으로 나타나고 있다.

　소비자운동을 시작하면서 88년 올림픽을 계기로 '쓰레기종량제'가 시작되었다. 40여 년 전에는 아파트 내부 투입구를 통해 음식물쓰레기부터 온갖 일반쓰레기를 버리던 기억이 새롭다. 그러나 아파트별 투입구를 봉쇄하고 봉투색깔 별로 분리수거하여 배출하고 불법 투기시에는 벌과금이 부여된다고 하자 1년만에 정착된 대단한 나라가 바로 우리나라다. 그러나 편안한 생활을 원할수록 플라스틱, 종이류, 비닐류 등 쓰레기는 늘어나고 있다. 장례식장에서 배출되는 종이 접시는 생산액 20%가 장례식장에서 소비된다고 한다. 2020년에는 전주시내 장례식장을 설득하여 일부 다회용기로 교체할 것을 권고하였다.

전국적으로 유명한 전주한옥마을에는 거리별 꼬치류 길거리음식이 유명한 곳이 있다. 관광객이 무단으로 버리는 쓰레기로 인해 거리 곳곳이 꼬치류 소스로 거리가 끈적거릴 정도이다. 이를 해결하기 위해 본 단체 회원들과 길거리를 다니며 불법 투기방지캠페인과 모니터링을 진행한다. 특히 전주시에서 출발한 음식물종량제(RFID)정착을 위해 감량에 성공한 아파트는 '빈 그릇 아파트'라는 입간판을 부여하고 인센티브를 지원했고, 심지어 교회에서는 일요일 성도님들께 점심밥을 남기지 않는 '빈그릇교회'를 선정하는 등 음식업소와 가정, 학교, 교회까지 10여 년 동안 함께한 운동이었다.

강원도에 있는 부림제지는 지금도 있는지 궁금하다. 전국에서 유일하게 우유팩을 화장지로 재생산하는 기업으로 한 달에 한 번 전주에 올 때 화장지를 가져온다. 학교별로 다니며 우유팩을 수거하고, 심지어는 목욕탕도 다니면서 우유팩을 세척, 건조, 수거하여 모아진 우유팩은 남부시장에서 장당 10원에 산 도정공장에서 사용했던 마대자루에 우유팩을 담아 보내는 날에는 머리고 눈썹이고 눈사람처럼 하얀 쌀기운이 남은 얼굴로 직원들과 봉사자들이 웃으며 '환경보존의날' 행사를 진행하였다.

지금은 '#용기내전주' 다회용기 사용 캠페인을 진행하며 75개 음식업소를 선정하고, 냄비나 다회용기를 가져가면 용기값으로 1천 원 할인이나 포장 음식물을 더 주는 서비스로 플라스틱을 줄이기 위한 노력을 하고 있다. 지구온난화로 인한 다양한 기후변화 피해가 보고되고 있고, 탄소중립선언을 한다는 정책 등이 계속해서 쏟아져 나오고 있지만, 무엇보다 한 사람 한 사람이 아는 만큼 실행하는 것을 통해 제 구실할 때 우리는 기후변화 피해자에서 벗어날 수 있다고 본다.

9. 소상공인 '소비자를 알면 성공이 보인다'

중기부, 소상공인 소비자전문교육

"소비자 알아야 성공 보인다"

※1. 장흥에서 유유관베업체를 운영하는 사업자 서씨(40세,남)는 지난해 9월 고객이 소고기를 구입한 후 1개월이 지나 다시 연락되어도 그 고기가 변질되어서 교환하 주길 대사업장에 대해 문의하였다.

신선식품이고 소비자가 한참 지나 구입 해 간 상태이라 어떻게 보답을 하는지에 알 수 없는 상태인데 무조건 교환이나 환 불처리를 해야하는지 모호하다는 것이다.

※2. 전주에서 식탁소를 운영하는 사업 자 대씨(40세,여) 역시 황당한 일을 겪었다. 지난해 10월 고객으로부터 뒤늦 식탁소에

홈페이지 블로그 마케팅교육 반응형 웹제작 · 블로그활용 고객민원 대처능력 향상 기대

대한 늦었은 배치가 걸음을 걷고 있는 가운데 소상공인 사업장의 경영 안정과 경쟁력 강화를 위한 프로그램이 마련됐다.

중소기업벤처부가 주관하고, 소상공인시 장진흥공단, 한국이상소비자연합전주지부 간 주관한 '소비자 반응형 웹과 홈페이지

에 대한 현실한 대처능력을 키울 수 있을 것으로 기대되고 있다.

평생교육원 관계자는 "이번 교육은 많이 사업자들이 소비 브랜드에 맞춰 단한 고객 을 충성 고객으로 되돌리고, 단점 고객한 테 더 많이 활성화하길 원하면 도내 소상공 인 사업장의 경쟁력 강화와 자신스러워 이 질것으로 보인다"고 말했다.

한 사례로서 이번 교육은 총계 2차가 진행되는데 3~4차 교육은 7월과 8월 차수로 선착순 20명을 접수 받아 진행됩니다.

소상공인 경쟁력 강화 블로그 마케팅 프로 진행

여성소비자연합평생교육원

(사)한국여성소비자연합 전주지부 평생교육원이 도내 소상공인의 경쟁력을 강화하기 위해 팔을 걷어붙였다.

도내 소상공인 3명 중 1명이 최근 1년 동안 폐업을 고려할 만큼 이들의 사정이 좋지 않은 만큼 소비 트렌드 제공, SNS 마케팅 지원 등 실질적인 도움을 주기 위한 교육 프로그램을 도내 최초로 시행한 것이다.

16일 (사)한국소비자연합 전주지부 평생교육원에 따르면 '소비자를 알면 성공할 수 있다' 라는

주제로 지난달 15일부터 시작한 소비자 반응형 웹과 홈페이지 블로그 마케팅' 프로그램을 오는 8월 30일까지 총 4회에 걸쳐 진행한다.

이는 중소기업벤처부가 주최하고 소상공인시장진흥공단과 평생교육원이 주관한 프로그램으로, 도내 소상공인사업장의 경영 안정과 경쟁력 강화를 위해 도내 최초로 마련됐다.

이를 통해 소비자 상담 및 피해 사례를 중심으로 이들을 역할극, 소비자 트렌드와 미래 소비시장, 반응형 웹 제작과 블로그, SNS 마케팅 활용 등을 교육함은 물론

소상공인에게 실질적인 도움을 주기 위해 마케팅에 대한 멘토링도 지원하고 있다.

평생교육원 관계자는 "사업자는 가장 기본이 되는 소비자의 상품 신뢰를 바탕으로 좋은 상품과 차별화된 서비스를 제공해야 한다"며 "하지만 최근 중소기업중앙회 전북지역본부에서 조사한 소상공인 경영실태 및 정책과제 조사'에서 33.6%의 업체가 최근 1년 내 사업전환이나 휴·폐업을 심각하게 고려하는 것으로 조사됐다. 이는 경기 악화도 있지만 결국 소비자의 마음을 모른다는 것"이라고 말했다.

/김성아기자 tjddk@
/편집=김민정기자 mjkim@

소비자: "만두피에 뼈가 있어 치아가 흔들거리고 결국 임플란트를 해야 합니다."
사업자: "만두 먹고 그랬다는 증거 있어요?"

소비자불만을 제기하면 대기업처럼 전문가가 상근하지 않는 이상 일부는 쉽고 안일하게 대응한다.

진심으로 사과만 하여도 될 일이 어느 때는 뉴스를 장식하고 소송을 제기하고 불매운동까지 벌어져 폐업까지 고려하는 사례들이 있다. 이를 위해 기업체에 고객 만족을 위해 교육은 제대로 되었을까? 지역 중·소·영세 기업들도 교육받을 기회는 있을까?

기업소비자상담실 전문가들 협회인 '기업소비자전문가협회(OCAP)'가 있다. 이 역시 어느정도 인원이 가능할 때 직원 파견도 가능하고 교육도 가능하다.

최근엔 폐업이나 전업을 준비하는 기업들이 많아지면서 재창업교육이 진행되고 있는데, 이 교육을 주관하기 위해서는 지역교육청에 평생교육시설로 등록을 해야 하고 교육 성과가 있을 때 교육진행이 가능하다. 이에 우리 단체는 3층에 교육장, 강당, 조리실을 갖추고 있어 소비자단체에서는 드물게 평생교육시설등록하여 사업자 대상으로 교육을 진행하고 있다. 하고자 하는 사업에 맞추어 업종별 소비자분쟁 해결기준이나 소비자 불만 시 처리기법, VOC관리, 소비자트랜드를 중심으로 교육이 이루어지고 있다. 코로나19 시기에는 줌(ZOOM)으로 4시간씩 총 16시간 교육을 진행했는데, 참여한 사업자들의 교육효과를 보면 놀라울 정도이다.

2회에 걸쳐 진행한 세탁소 대표들은 계절별로 SNS를 통해 소비자 정보를 공유하고 있다. 프랜차이즈 업체가 아님에도 동네 세탁소 사장님들도 변화하는 패션이슈와 트렌드에 맞춰 섬유, 원단, 세탁방법 등을 공부하고, 연구하며 역량을 키워가시는 모습에 응원을 보낸다.

10. 생산자와 소비자의 상생, 로컬푸드!

전북 로컬푸드, 소비자 마음 얻었다

최정규 기자

전북 로컬푸드를 이용하는 소비자들의 만족도가 높은 것으로 나타났다.

지난달 31일 한국여성소비자연합 전북지회 소비자정보센터가 지난 4월20일부터 5월30일까지 만족도 조사를 실시한 결과 로컬푸드에서 판매하는 상품을 82.1%가 만족한다고 응답했다. 반면 불만족에 응답하는 소비자는 2.9%에 불과했다.

이번 만족도 조사는 소비자정보센터가 모니터 요원 10명과 함께 26곳의 로컬푸드 직매장을 직접 방문, 660명의 소비자들을 상대로 조사한 결과다.

소비자들이 가장 만족하는 부분은 신선도였다. 농식품의 다양성, 크기 모양 등 6개의 항목의 만족도를 묻는 물음에 신선도가 92.2%였다. 이는 지역 생산, 소비, 당일 판매 공시 기간 이행 등에 대한 만족으로 분석됐다.

다음은 상품 표시사항이 89%로 생산농가의 정보, 가격, 중량이 등이 농식품에 표시되어 있어 신뢰성이 두터워진 것으로 소비자정보센터는 판단했다.

상품의 크기 모양 등 82.2%, 안전성 80.4%, 다양한 농식품 74.7%가 뒤를 이었다. 가격에 대해서는 74.2%가 만족한다고 답했다.

구매 주기는 주 1회가 50.4%, 매일 16.8%, 2주 1회 13%, 주 2회 8.1%, 주3회 5.2%, 월 1회 6.5%로 조사됐다.

로컬푸드의 핵심 중 하나인 잔류농약 검사 및 표시 사항에 대해서는 86.4%가 신뢰하는 것으로 나타났다.

1회 평균 구매비용은 15,000원~30,000원이 52.7%, 35,000원~50,000원 23.8%, 10,000미만 17.3%로 집계됐다.

전북은 지난 2012년 완주군 용집읍에서 처음으로 로컬푸드 직매장을 개장한 이후 26곳이 운영 중이다.

로컬푸드는 농민의 농산물 판매를 통한 소득을 확대하고 소비자들에게는 신선하고 안전한 먹거리 확득과 신뢰성 확보 등을 목적으로 하고 있다.

로컬푸드 직매장, 소비자 만족도 높다

상품 품질 및 가격 등에 대한 만족도 조사 결과
농산물 안전성 잔류농약 분석 결과 5점 만점에 4.1점
로컬푸드 직매장 시설 이용 만족도 평균 4.1점 만족

김종일 기자

로컬푸드 직매장을 이용하는 소비자 10명 중 8명은 만족도가 높은 것으로 나타났다.

한국여성소비자연합 전북지회 소비자정보센터는 지난 4월 18일부터 9월 23일까지 도내 37곳의 로컬푸드 직매장을 찾은 660명을 대상으로 만족도를 조사한 결과 평균 4.1점으로 100점으로 환산할 경우 81.5점으로 분석됐다.

첫째(4.5점), 상품진열(4.1점), 매장내 이동동선(4.2점), 주차장4.0점)도 만족도가 높은 반면 점과 매장 거리에 대해서는 3.7점으로 가장 낮은 점수를 보였다.

농식품의 다양성, 크기 모양 등에 대한 만족, 표시사항, 가격, 신선도, 안전한 농식품 등에 대한 내용으로 조사한 결과 5점 만점에 평균 4.0점이 나왔다.

세부적으로는 신선도(4.3점), 표시사항 만족(4.2점), 안전성(4.1점)은 만족한다고 응답한 반면 가격만족(3.9점), 다양한 농식품 만족(3.7점)는 다소 낮은 점수를 보였다.

로컬푸드 직매장에서 주로 구입하는 농산물은 잎간채류(상추, 시금치, 양파, 당근 등) 63.3%로 응답했으며 과일류(13.6%), 축산물(8.0%), 농가공식품(5.9%) 등이 뒤를 이었다.

이용 주기는 주 1회가 43.3%로 가장 많았고 2주 1회(16.1%), 매일(12.9%), 주 2회~3회(10.2%), 월 1회(9.2%) 이용한다고 응답했다. 1회 구매 평균 비용은 2만7,181원으로 분석됐으며 1만원~2만원(43.3%), 2만1,000원~4만원(31.8%), 1만원 미만(6.5%) 구매하는 것으로 분석됐다.

불편한 사항에 대해서는 다양한 종류의 상품이 없다는 응답이 33.1%로 가장 많았고 품질 27.1%로 뒤를 이었다.

로컬푸드 직매장을 이용하면서 전반적인 만족도는 5점 만점에 5점이라고 응답한 소비자(21.1%)와54.2%으로 이용의 만족도가 높다고 응답했다. 소비자정보센터 관계자는 "로컬푸드 직매장을 이용하는 소비자들의 만족도는 대체적으로 높았다"며 "소비자들의 만족도가 유지되고 더 상승할 수 있도록 농민, 직매장, 행정, 소비자 모두 함께 로컬푸드 운동에 동참하고 관심을 가져야 한다"고 말했다.

한편, 전북지역은 지난 2012년 전국 최초로 완주에 로컬푸드 직매장을 개장한 이후 지난해 말 기준 37개의 로컬푸드 매장이 운영되고 있다.

전북 완주군 용진면에는 전국 최초 '용진농협로컬푸드' 직매장이 있다. 완주군은 전주시를 중심으로 뺑 둘러있는 지역으로 십 분만 이동하면 전주에 갈 수 있으니 완주군민들이 전주시로 유출될 수 있어 군수로서는 인구유출이 걱정이다.

2010년 완주군에서는 고령농, 소농, 여성농들이 지역에서 생산해서 지역에서 소비하는 선순환운동의 먹거리운동인 로컬푸드를 출범시켰다. 많은 준비 기간과 노력으로 용진농협로컬푸드매장은 전국에서 많은 손님들이 찾아왔고 약 1천여 명의 출하자들이 텃밭에 가꾼 다양한 농산물을 로컬푸드매장에 출하하였다. 결국 농산물 보따리를 머리에 이고 양손에 들고 전주 모래내시장, 남부시장에 눈치보며 장사를 하는 노점상보다는 로컬푸드매장에 당신 가게를 가지고 운영하는 실태니 특히 고령농·소농에게는 인기있는 판매방법이다. 이곳에 출하되는 농산물 전체가 친환경농산물은 아니다. 법 규정에 맞게 농약을 사용하는 것은 불법이 아니다. 그러나 기준치 이상을 사용하여 농약잔류량이 검출되면 이는 소비자 건강권에 해치는 일이다. 그래서 우리단체는 매주 로컬푸드 매장을 방문하여 1차 농산물인 상추, 깻잎, 배추 등 세척만 해서도 먹을 수 있는 농산물의 유효기간 확인과 농약잔류검사를 진행하고 있다. 또한 소비자들의 목소리가 출하자 농민이나 운영자인 직매점에 그리고 감독하는 행정에도 전달이 필요하여 1년에 2회씩 '로컬푸드행정협의회'를 구성하여 로컬푸드에 대한 감시와 응원의 역할을 함께하고 있다.

교육장에서 만나는 팔순의 어르신들은 서울에서 자식들이 오라고 해도 당신들은 매주마다 돈이 들어오고 일거리가 있는 지역을 떠날 생각이 없다며 건강한 모습으로 농촌 지역을 지키고 있다.

그러나 세월이 흘러 고령농 어르신들이 안 계시면 청년농이나 귀농인들이 할 수 있을지 걱정이 된다.

11. 니가 왜, 거기서 나와~

어린이 소비자 경제 교육 지난 22일 대한주부클럽연합회 전주 전북지회에서 열린 어린이 소비자 경제세상 교육 참가학생들이 기후변화에 따른 환경보호의 중요성과 녹색소비의 중요성을 강조하기위한 인형극을 보며 녹색소비환경 교육을 받고 있다. 어강민기자 lgm19740-

"인형으로 쉽게 풀어주니 귀에 쏙쏙 들어와"

포커스 대한주부클럽 소비자정보센터 실버서포터즈 인형극단 '소비 생활 인형극'

실버서포터즈 인형극단 단원들이 '무주댁, 완주댁 똑똑한 소비자 됐네' 인형극을 마치고 인사하고 있다.

"니가 왜? 거기서 나와."

어르신들 교육 인내시간은 10분 정도이다. 이제는 필자도 교육이나 토론회에 가면 졸음이 찾아오고 잠자지 않은 척하며 긴 시간을 보낼 때 참으로 힘들다. 아이나 어르신 그리고 다문화가족 대상 소비자교육에는 인형극을 통한 교육이 교육효과를 극대화할 수 있다.

15년 전 처음으로 인형극에 참여할 60대 어르신 모집공고를 냈다. 초등학교 교장을 하신 할아버지와 젊었을 때 보험회사를 다녔다는 할머니, 인형극 하는 게 소원이었다는 어르신들 10여 명이 모여 전문가 훈련을 받고 시나리오 연습을 하고 처음 인형극 무대에 올랐던 기억은 짜릿함보다 두려움이 우선이었다. 무거운 인형을 어르신들이 들고 20여 분간 공연이 가능할지, 대사는 까먹지 않을지, 음악이 나올 때 녹음기는 작동될지….

'떴다방'으로 한참 방문판매 피해가 많을 때는 버스에 타고 노래하며 춤추는 장면이 나오다가 관광지에서 건강식품 제조공장에 억지로 끌려가 한 보따리씩 강매를 당해 집에 와서 자식들 눈치도 보고 반품처리에 전전긍긍한 장면들이 나온다. 이때 배경노래는 해마다 유행하는 트로트를 선곡하는데, 어르신들이 최고로 좋아하신다.

이후 천사처럼 소비자상담가가 나와서 무사히 반품처리하는 과정과 법 규정을 인형으로 설명하고 한동안은 보이스피싱 예방법까지 인형극 내용으로 포함해 교육을 진행하였다. 인형극을 처음으로 시작할 때는 연 80회까지도 진행했지만, 지금은 연 40회 교육을 진행하고 있다.

올해도 인형극단원들은 평균 70대이며 운전과 천막 설치, 음향기기 작동, 설치 등 전문가 이상만큼 하신다. 검정 모자와 검정 티셔츠와 바지로 차려입은 우리 인형극단들은 오늘도 전북14개 시·군을 달리며 코로나-19시기에 10여 명의 소모임에도 달려가 공연을 한다. 언제쯤 멋진 인형극 전용 승합차를 사드려야 할지 요즘 숙제이다.

12. 미원탑 아래 임금님 다방에 숨다

전주지역 유명메이커 가구대리점
대부분 타사·군소업체 제품 함께 판매

주부클럽 소비자고발센터 20개 대리점조사 결과

15개 대리점서 15~50% 할인판매
제품구입땐 품질표시·상표도용 확인해야

결혼을 앞둔 예비 신부, 알뜰 살뜰 재산을 모아 새 집으로 이사가는 주부들에게 있어 가구 구입은 두 번 세 번 고심해도 부족함이 없는 처사이다.

한 번 구입하면 적어도 10년은 사용해야 하기 때문이다.

특히, 튼튼함과 세련된 디자인을 자랑하는 유명 메이커 제품이라고 철썩같이 믿고 목돈을 들여 구입한 가구가 사제품으로 드러났을 경우엔 실망을 넘어 분노와 배신감을 느낄 수밖에 없다.

지난 해 같은 일이 법 어져 소비자들을 분노케 했다. 전주 시내 모 유명메이커 가구 점에서 사제품을 마치 유명 메이커 제품인 것처럼 상표를 도용해 판매한 것이다.

이에 사단법인 주부클럽연합회전주·전북지회 소비자고발센터에서는 지난 달 25일부터 31일까지 유명메이커 가구 대리점에서 사제품 판매여부를 소비자에게 선택하게 했을 경우 조사사 전주시내 12개 가구사 20개 대리점을 대상으로 조사됐다.

그 결과 20개 대리점 중 15개 대리점에서 간판에 명시된 제품 이외에 타사제품이나 군소제품을 판매하고 있었으며, 소비자가 사제품을 선택했을 경우 조사사 가구점 모두가 이 사실을 밝힌 후 판매하고 있는 것으로 조사됐다. 타사제품은 일반적으로 표시가격에 비해 15~50%까지 할인 판매되고 있었다.

사실, 유명메이커 가구 대리점에서 사제품을 판매하는 것은 법적으로 허용되고 있지만, 만일 이 사실을 소비자에게 알리지 않고 마치 유명메이커 회사 제품인 것처럼 판매할 경우에 명백한 위법행위가 된다.

주부클럽 유미옥 부장은 "지난 해 말 상표도용 판매사실이 밝혀지면서 사회적 물의를 빚은 가구 대리점들이 사제품 판매가 각별히 주의하고 있는 것으로 보여진다"며 "조사결과 밝혀졌듯이 유명 가구 대리점에서도 단일 제품 뿐 아니라 다양한 업체의 제품을 함께 판매하고 있으므로 가구 구입시 소비자들의 각별한 주의가 요구된다"고 지적했다.

가구 구입시에는 품질경영촉진법에 의한 품질표시가 되어 있는지도 꼭 확인해 보아야 한다. 실제로 이들 가구점에서 사제품인 것을 밝히고 판매한 66개 제품 중 침대 14개(50%), 장롱 2개(18.2%), 화장대 3개(30%), 책상 2개(33.3%), 장식장 5개(45.4%), 식탁 1개(7.1%)만 품질표시가 정상적으로 부착돼 있었다. 품질표시에는 중량 및 모델, 외형치수, 서랍 깊이, 표면재, 표면가공, 취급상 주의사항, 품질책임자 확인이 되어 있다.

특히, 사제품 중 침대는 6개 제품(42.8%)만이 제 상표를 부착하고 있었으며 식탁의 경우는 겨우 2개 제품(14.3%)에 그쳐, 구입시 사제품인지 밝힌다 하더라도 선택시에는 유명 메이커 제품인 줄 착각할 소지가 여전히 남는다.

〈김남희기자〉

가구관련 소비자피해 주의보

최근 3년새 가파른 상승세
절반이상 계약해지와 관련

도내 가구관련 소비자상담·피해가 매년 꾸준하게 증가하고 있는 것으로 나타났다.

특히 봄철을 맞아 대청소와 이사, 실내 인테리어 변경 등을 계획하는 소비자가 많아질 것으로 예상돼 가구 구입 및 리폼시 특별한 주의가 필요하다는 목소리다.

11일 한국여성소비자연합 전주·전북지회 소비자정보센터에 따르면 2014년 도내 가구관련 소비자 상담·피해는 전년대비 16.3% 증가한 1,064건이 접수됐다.

이는 2012년도 799건, 2013년도 915건 등 매년 증가추세를 보이고 있는 것.

실제 전주시 효자동에 사는 신모(53)씨는 지난해 12월 말경 가죽소파를 구입했다. 배송 당일 배송 중 가죽이 훼손돼 제품교환에 협의를 했으나 1개월이 넘도록 교환이 지연돼 소비자센터를 통해 교환을 받을 수 있었다.

또 정모(전주시 송천동·55·여)씨는 올 1월 중순경 세트가구를 계약하고 총 비용 600만원 중 계약금 100만원을 지급한 후 개인적인 사정으로 계약취소를 요구하자, 사업자로부터 계약금을 돌려줄 수 없다는 답변을 들었다.

정씨는 가구배송일을 정하지 않은 상태에서 일정금액의 위약금 지급의사는 있으나, 100만원의 위약금 지불은 억울하다며 상담을 의뢰해 결국 물품대금 600만원의 5% 해당하는 금액(30만원)을 계약금에서 공제 후 70만원을 환불받고 처리됐다.

가구관련 소비자상담·피해 접수 160건을 품목별로 구분한 결과 의자류가 43건(26.9%)으로 가장 높게 나타나며, 그 뒤를 이어 침대류가 32건(20%)으로 많았다.

책상·테이블류는 26건(16.3%), 장롱류는 20건(12.5%), 기타 가구(화장대, TV대, 문갑 등)는 20건(12.5%), 세트 가구류도 19건(11.9%) 순으로 뒤를 이었다.

가구관련 소비자 피해유형을 분석해본 결과 해약관련 소비자 상담·피해가 전체의 52.5%를 차지하고 있다.

해약관련 주 피해내용은 단순변심 및 가격차이로 인한 계약해제가 52건(32.5%), 해제 시 위약금 과다 요구 11건(6.9%), 주문가구 인도지연 9건(5.6%), 하자·과장광고 8건(5.0%), 기타(주문과 다른 제품 배송, 사제품 판매 등) 사유 4건(2.5%)으로 나타났다.

이에 대해 소비자정보센터 박민정 부장은 "여러 판매점을 통해 가격을 비교해 보고, 가구 주문 시 계약내용을 상세하게 작성·보관한다."고 말한 후 "계약금은 상품가격의 10% 이내로, 가구 수령 시(특히 인터넷 구입 가구) 하자 유무 점검 등을 통해 피해를 예방해야 한다"고 조언했다.

김민수 기자

사연인즉,

소비자들에게 정보제공을 위해 다양한 조사 활동을 한다.

결혼을 앞둔 그녀는 친정엄마와 지역의 유명메이커 가구점에 갔다. 혼수로 침대와 장롱, 화장대를 주문 했고 입주할 새집에 계약했던 가구가 배달되었다. 며칠 후 친정어머니가 오셔서 옷장을 보던 중 다른 가구는 가구 하단이나 상단에 가구사명이 각인되어 있는데 이 옷장에는 안쪽에 종이풀로 가구 이름을 붙이고 간 것을 발견하였다. 이후 우리 단체에 고발하였고 우리도 수상히 여겨 직매장에 가구명 표시여부를 조사하였다. 공정거래법에 의하면 타사 가구라고 하여도 자사에서 생산되지 않는 가구를 소비자에게 설명하고 가구에 표시했다면 문제가 없다고 하였다.

그러나 설명도 없이, 가구 안쪽에 종이로 붙여서 표시한 것은 문제가 있다고 판단하였고, 제품 본사에 공문을 띄우고 항의하자 본사에서는 대리점 계약위반이라며 대리점 취소를 하는 것으로 일단락을 지고 소비자에겐 환급해 주었다. 그러나 여러 업체를 조사하고 일부 타사제품이 판매되고 있으니 소비자들은 반드시 확인하고 사업자 역시 고지를 하고 판매하여야 함을 알렸다. 이후 지역 공중파 방송뉴스에서 유명메이커 제품에서 타사제품을 일부를 판매한다는 뉴스가 아니라 불량품을 판다고 뉴스가 나갔다. 이는 분명 방송사의 잘못임에도 불구하고, 마치 우리 단체가 잘못한 것처럼 오전에는 우리 사무실에 항의 방문을 하고, 오후에는 방송국으로 방문하여 항의하였다.

분명 우린 보도자료가 있음에도 방송국에서는 우리 핑계를 대는듯 하였다. 지역 신문사 중 지금도 지란지교처럼 살가운 '허명숙' 기자는 사무실에도 들어가지 못하는 필자를 위해 군고구마를 사서 임금님다방에 숨어 시간을 함께 보내주며 위로와 지지를 해주었다. 당시에는 소비자단체에 대한 위상도 낮았으며 지역 사업자들의 목소리가 높던 시절이다.

이외에도 카센터 자동차 화재 사건이나 전주시자동차서비스센터 이전 문제 등이 불거져 사업자들이 도지사실에 항의하고 다음엔 사무실에 우르르 몰려와 의자를 던지며 협박하였지만 필자는 견디며 여기까지왔다. 떼거리로 몰려와 항의할 때마다 쓰던 말은 "한 명씩 오셔서 말씀하세요." 사실 나도 많이 쫄았었다.

제6장

주제별 활동 및 연보

제6장
주제별 활동 및 연보
- 주요 활동으로 본 전북의 소비자운동 -

산을 쌓는데 흙 한 삼태기가 모자라서
이루지 못했다 해도 그만둔다면 내가 그만두는 것이다.
땅을 평평하게 고르는데 흙 한 삼태기만 부었어도
진척된다면 내가 나아가는 것이다.
- 〈논어로 리드하라〉 중에서

전북 14개시·군 지부개설을 통한 지방소비자 권익 강화

- 1983. 7. 23. 사단법인 한국여성소비자연합 전북지회 창립(전.대한주부클럽연합회 전북지회)

  (1대회장: 조옥영 / 전북 전주시 덕진구 서노송동 632-2 영진빌딩 2층 옥탑방)

- 1987. 3. 30. 군산, 익산, 정읍, 남원지부 개설

- 1988. 3. 8. 김제, 진안지부 개설
- 1991. 3. 13. 무주, 완주지부 개설
- 1993. 4. 3. 고창지부 개설
- 1997. 11. 임실지부 개설
- 1998. 2. 21 장수지부 개설
- 2005. 3. 소비자단체 최초 소비자정보센터 준공
- 2009. 2. 23 순창지부 개설

소비자 상담 및 피해구제를 통한 소비자권익증진 운동

- 1983년 소비자상담 피해구제 283건으로 시작
- 1993년 소비자상담 및 피해구제 6,563건 처리
- 2003년 소비자상담 및 피해구제 17,829건 처리
- 2013년 소비자상담 및 피해구제 33,222건 처리
- 2020년 소비자상담 및 피해구제 26,710건 처리

- 전북소비자정보센터 조직도

- 소비자 분야별 전문자문위원회

  - 의료사고 심의위원회: 피부과, 성형외과, 치과, 정형외과, 산부인과, 반려동물 등 의료 전문분야 자문위원 구성
  - 의류·세탁물사고 심의위원회: 세탁, 원단, 신발, 패션·의류계 전문가 구성
  - 법률자문위원: 법무법인 행복한(대표변호사: 장석재)/ 매주 월요일 오전 무료법률상담 운영
  - 다문화·노인·어린이·장애인 등 취약계층 소비자 분야 전문가 구성
  - 소비자교육 위원: 교육청 장학사, 교사, 소비자학 전문가 구성 교육연구회 운영
  - 경제·유통·공정거래·식품·통계·자원순환 분야 전문가 구성

소비자 의식 조사 및 설문조사를 통한 간담회·토론회 개최

- 1985. 소비자 상담 및 피해구제 1,145건, 드라이크리닝 가격조사, 전주시 대중음식점 이용실태 및 청결 조사
- 1986. 목욕업소 청결 실태조사, 전주시 귀금속 함량 검사(풍남문 마크 제작 정착)
- 1987. 예식장 이용 부대시설 강요 여부 조사, 세탁소 이용 및 보상 실태조사
- 1988. 육류·음료수·겨울철 드라이 클리닝 가격조사, 가공식품 여름철 보관 판매 실태조사
- 1989. 농업용 기계 사용 및 소비자불만 실태조사, 가짜꿀이 농협 생로얄제리로 둔갑 판매한 사건
- 1990. 사무용기기 서비스센터 전북지역 상주 여부조사, 수입 식품 실태 조사
- 1991. 개량김, 조미김, 조선김 실량 검사
- 1992. 유통기간 경과된 가공식품의 실태 조사, 순금 돌반지 실량 검사, 자동차 불만족에 대한 실태조사
- 1993. 어린이용 은수저 실량 검사, 지방 소비자보호 의식 조사, 건어물 전분 검출 여부 조사
- 1994. 신용카드에 대한 의식 조사, 이리(익산) 시민 식수에 관한 의식 조사
- 1995. 화장품에 관한 의식 조사, 책 대여점에 관한 의식 조사
- 1996. 석유류 판매 실태 조사, 음식물쓰레기 처리에 대한 소비자 의식 조사, 사교육비에 대한 의식 조사, 의료서비스 및 의료사고에 대한 소비자 의식 조사, 교통서비스에 대한 의식 조사
- 1998. 화장품 판매가격 표시 및 할인판매 실태 조사, 전주시 집단급식소 음

식물쓰레기 발생현황 및 감량화 기기 실태 조사, 교통서비스에 대한 의식 조사, IMF 위기 하의 경제상황 및 물가에 대한 소비자 의식 조사
- 1999. 유명메이커 가구사 대리점에서 사제품 가구 판매 실태 조사, 전주 교통문화 개선을 위한 토론회, 1회용 비닐봉투 사용 줄이기 캠페인 및 실태조사, 간담회
- 2000. 의약분업 관련 의식조사, 선진문화교통정착을 위한 토론회
- 2001. 녹색조명 아파트 만들기 주민 의식조사, 초등학교 주변 식품판매업소 실태조사, 전북도민 소비문화 의식조사, 인터넷이용 동기와 인터넷 쇼핑이용에 관한 실태조사
- 2002. 초등학교 통학로 실태조사 및 결과발표, 간담회, 병원감염성 폐기물 실태조사
- 2003. 지방물가 안정은 소비자의 힘으로 간담회, 음주문화 개선을 위한 세미나, 파트타임 여성근로자의 노동실태에 관한 연구 발표 및 사업자 간담회
- 2004. 병원감염성폐기물 관리실태조사(2회), 친환경농산물 생산자 조사 및 대형할인매장 판매 실태, 소비자의식조사 결과 발표, 노인소비자 의식조사, 애완견 관련 간담회
- 2005. 재활용가능자원 종량제 봉투 혼입 실태조사 결과에 따른 간담회, 병원감염성폐기물 관리실태 모니터링 및 결과 간담회, 대중교통서비스평가 실태조사 및 설문조사
- 2006. 전북지역 자동차정비업소 실태 및 소모품 조사, 간담회, 가전제품서비스 요금 및 실태조사에 따른 간담회, 병원감염성폐기물 처리 실태조사 및 녹색병원 지정
- 2007. 전주지역 할인마트 CCTV 실태조사 및 소비자제안회의, 여성취업 실

태조사 결과 발표 및 여성취업 활성화를 위한 토론회, 대형할인매장 주차장 관련 실태조사 및 소비자 제안회의, 전북지역 산후조리원 실태 및 가격조사

- 2008. 부당한 전화권유판매, 소비자단체소송 시행 토론회, 의료폐기물관리 실태 조사, 수입소고기 시판에 따른 소비자 건강권 확보를 위한 토론회
- 2009. 고기 이력추적제 소비자 인지도 조사 및 판매업소 실태조사, 전주시 음식물쓰레기 배출량 비례제 정착을 위한 간담회, 전북지역 대형유통매장 친환경상품매장 설치운영 실태조사
- 2010. 의료소비자 피해구제를 위한 실무위원회 및 실무자 워크숍 운영, 노인장기요양시설 소비자만족도 향상을 위한 토론회, 공동주택 음식물쓰레기 감량 현장을 찾아가는 교육 및 간담회, 통신결합상품 소비자 피해 실태에 따른 토론회
- 2011. 전주지역 미용실 실태 및 서비스 요금 조사, 계속거래 체력단련업 소비자 피해에 따른 토론회
- 2012. 세탁서비스 소비자 피해예방 및 개선을 위한 토론회, 전주지역 김장 가격 및 소비자 설문조사
- 2013. 석유시장 소비자 선택권 확보를 위한 토론회, 전북지역 10개 예식장 사업자 불공정약관 조사, 재활용품분리up, 음식물쓰레기 down 아파트 만들기 실태조사
- 2014. 재활용품분리up, 음식물쓰레기 zero화 아파트 만들기 실태조사·업무협약·빈그릇아파트 선정
- 2015. 개인정보 불법 수집, 불법 유출한 홈플러스 불매운동, 유통업계의 고객만족센터 운영활성화와 서비스 질 향상을 위한 제안회의, 건강기능식품 소비자피해 예방을 위한 토론회

- 2016. 로컬푸드 직매장 모니터링, 가습기살균제 제조기업 처벌 촉구 및 옥시제품 불매운동, 생활화학가정용품 소비자 의식조사, 전주지역 학원비 옥외 표시제 실태조사
- 2017. 전주지역 숙박업소 가격표시 실태조사, 어린이 물놀이용품 안전성 확보를 위한 토론회, 빈병용기 재활용 정착을 위한 토론회, 농식품 스마트소비자를 위한 농·소·정 간담회 개최, 공정무역을 통한 윤리적 소비활성화를 위한 토론회, 실손의료보험에 대한 소비자인식 및 정책제안 토론회
- 2018. 생활 주변 방사선 가공제품 불안에 대한 소비자 토론회, 전북지역 외식 및 피부미용업소 실태조사, 안전한 먹거리를 위한 계란 난각표시 실태조사에 따른 간담회, 한옥마을 쓰레기 무단투기 감량을 위한 토론회
- 2019. 세계공정무역의 날 기념 제1회 전북 공정무역 컨퍼런스 개최, 1회용품 안 쓰는 장례문화 만들기 토론회, 예식서비스관련 소비자권익을 위한 간담회, 상조서비스 소비자권익증진을 위한 토론회 전북지역 국내국제 결혼중개업체(60개소) 실태조사, 아파트 통신설비시설 전기요금 입주민 부담에 따른 소비자 제안 토론회
- 2020. 한옥마을 쓰레기 배출함 실태조사, 코로나19로 인한 사회적 거리두기에 따른 예식장과의 협약식 및 간담회, 로컬푸드 가치 확산을 위한 토론회, 제3회 전북 공정무역 컨퍼런스 개최(간담회,토론회 운영)

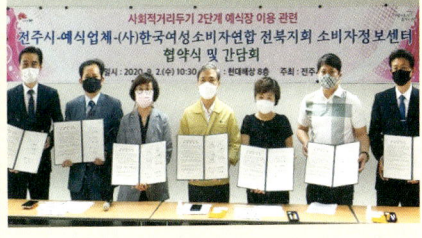

소비자교육

- **소비자 분야별 전문자문위원회**
  - 어르신 대상 소비자 피해 예방을 위한 소비자 인형극 추진 (2007년부터 연 40회 이상 추진)
  - 지구를 지켜요, 지구온난화 -기후변화 어린이 인형극
  - 온 가족, 합리적인 소비생활 인형극

- **소비자전문가 양성교육**
  - 역소비자 전문활동가 양성을 위한 소비자리더교육 진행
  - 소비자단체 실문자 역량 강화를 위한 수시 전문교육 및 워크숍 진행
  - 공정무역(착한소비,윤리적소비) 강사 양성교육과정 운영
  - 자원순환 강사 양성교육과정 운영

- 전국 최초 어린이소비자교육체험관 운영
  (무료견학/ 2005년 개관/ 연 1천8백여 명 교육)

- 결혼이민자여성·장애인을 위한 소비자교육
  - 결혼이민자여성 한국 소비·경제문화 익히기 소비자 교육
  - 장애인소비자 피해예방 소비자교육
  - 일반 성인 대상 소비자피해 예방을 위한 소비자 교육

- 어린이·청소년 소비자 교육
  - 전북초등학생 어린이소비자 경제퀴즈대회 개최 (2002년 시작으로 매년 11월 개최)
  - 어린이 소비자경제캠프 (2003년 시작으로 매년 여름방학 어린이, 청소년 경제캠프운영)
  - 어린이 소비자경제세상 (2005년 4월 시작으로 매월 4째주 토요일 운영)
  - 찾아가는 스마트한 소비생활 교육
  - 소비자 경제교육 연구학교 진행 (2010~2012)

- 소비자의 건강권 보호를 위한 교육
  - 식품, 의약품 안전 소비자교육
  - 나트륨저감화를 위한 소비자교육

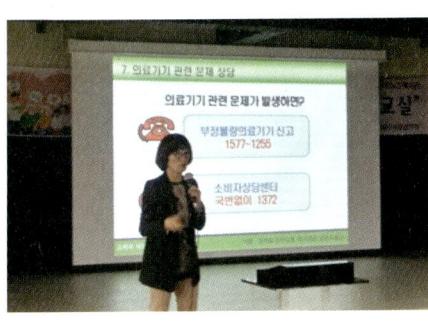

- 여성 지위 향상을 위한 소비자교육
  - 가정경제 CEO여성 소비자교육
  - 어르신 세대가 먼저 호주제 폐지를 교육

- 중년여성에 대한 노후생활 계획에 따른 소비자교육
- 음식업소 서비스개선 및 여성종사자 지위 향상을 위한 교육

- 기후변화·자원순환 교육
  - 기후변화에 따른 에너지절약 소비자교육
  - 올바른 쓰레기 분리배출 자원순환교육

- 공정무역을 통한 세계시민교육
  - 어린이·청소년 공정무역-착한소비 소비자교육
  - 공정무역을 통한 세계시민으로서의 책임과 올바른 의식 소비교육
  - 성인대상 티파티를 통한 공정무역 교육

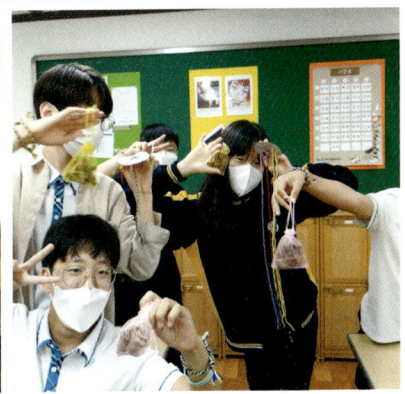

- 코로나-19 시대, 비대면을 통한 농민 소비자 교육

소비자대회

- 지방자치단체 최초로 전북 소비자의 날을 12월 1일로 제정
- 1998년부터 12월 1일 전북소비자운동을 기념하며 공로자에 대한 시상 및 특강, 소비자운동 보고 등의 기념식을 매년 진행하고 있음.
- 시상: 전라북도지사 표창, 전주시 표창, 한국여성소비자연합회장상, 한국여성소비자연합전북지회장상 수여
- 시대적 소비자 이슈 및 소비트렌드에 따른 전문가 특강 진행

지속 가능한 환경 활동

- 전라북도·전주시 자원순환 기본조례 제정 추진
- 빈병 용기 재활용 정착을 위한 토론회, 공병 보증금 환불에 따른 간담회
- 음식물쓰레기 감량화 운동 시민의식 조사, 간담회, 캠페인, 배출 실태조사 실시
- 재활용품 분리UP, 음식물쓰레기 DOWN 아파트 만들기 조사 및 협약, 캠페인, 간담회 개최
- 1회용 세탁 옷걸이 재사용 및 우산비닐커버 사용 안 하기 운동 추진
- 1회용 비닐봉투 사용 줄이기 캠페인 및 실태조사,
- 1회용품 안 쓰는 장례문화 만들기 사회협약 및 토론회 등 추진
- 병원감염성폐기물 처리 실태조사 및 간담회, 녹색병원 지정
- 폐형광등 분리배출 촉진을 위한 간담회 개최
- 재활용 가능자원 관리개선을 위한 간담회 추진
- 지역사회와 함께하는 자원순환, 쓰레기없는 관광지만들기 '한옥마을' 쓰레기 배출함 실태조사

소비자 정책제안

- 세탁소 이용 및 보상실태조사를 통한 세탁 표준약관 제정 및 인수증 교부 정책 제안
- 음식물쓰레기 감량을 위한 음식물쓰레기 종량제(RFID) 도입을 위한 의식조사 및 정책추진
- 교통소비자의 보행환경 개선과 올바른 교통문화 정착을 위한 정책 추진
- 지역물가 안정화를 위한 착한가게 선정 정책 추진 (정부의 착한가격업소 시작의 표본이 됨.)
- 초고속인터넷서비스 이용에 따른 개선 토론회
- 휴대전화의 무선데이터 사용료 과다 발생에 따른 원가공개 및 요금 서비스 개선 토론회
- 병원감염성 폐기물의 효율적인 관리를 위한 간담회 추진을 통한 정책제안
- 자동차보험료 지역차등제 도입 반대에 따른 정책제안
- 종합유선방송 임의채널 변경 및 수신료 인상에 따른 소비자 정책 토론
- 중고자동차 소비자피해 증가에 따른 관련제도 강화 및 법률개정 간담회
- 전화권유 판매업체에 대한 부당한 금지 행위에 따른 소비자단체소송 시행 토론회
- 대형유통매장의 친환경상품매장 설치운영에 따른 사회적 책임 강화 정책 제시
- 노인장기요양시설 소비자만족도 향상을 위한 서비스개선 정책 토론회

- 계속거래분야(헬스장) 소비자피해 예방을 위한 관련 기준, 약관 개선에 따른 정책 토론회
- 도내 특수판매사업자 모니터링을 통한 통신판매업 제도, 법률 개선 추진
- 개인정보 유출피해에 따른 제도개선 캠페인 추진
- 라돈 피해에 따른 생활화학가정용품 의식조사를 통한 소비자 정책 제안 토론
- 공정무역을 통한 윤리적소비자 활성화를 위한 의식조사, 토론회 개최
- 전라북도·전주시 공정무역 지원에 관한 법률 제정 추진
- 전라북도·전주시 자원순환 기본조례 제정에 따른 공청회 추진

윤리적 소비 활동

- 2017.11.17 전라북도 공정무역 지원에 따른 조례 제정 추진
- 2018.4.19 전주시 공정무역 지원에 따른 조례제정 추진
- 2018.6 공정무역 전문카페 '나눔공정카페' 오픈
- 2019년 ~ 2021년 전북 공정무역 컨퍼런스 개최(특강, 간담회, 토론회, 체험부스 운영)
- 공정무역 활성화를 위한 원데이클래스 운영
- 공정무역-착한 소비 가치 확산 및 세계시민교육 진행(연 40회 이상 추진)
- 공정무역 홍보체험관 운영 및 캠페인 진행

먹거리 운동

- 1988. 여름철 가공식품 보관판매 실태조사, 건어물 실량검사
- 1989. 가짜꿀 농협 생로얄제리로 둔갑 리콜조치, 음식점 고기가격, 김장용재료 가격조사,
- 1990. 쌀 실량 검사, 수입식품 실태조사
- 1991. 개량김, 조미김, 조선김 실량검사
- 1992. 유통기간 경과 가공식품 실태조사
- 1999. 음식물 찌거기를 이용한 유기농가 견학, 유기농가 돕기 운동
- 2001. 학교주변 식품판매업소 실태조사
- 2004. 친환경농산물 생산자 조사 및 대형 할인매장 판매실태, 소비자 의식조사
- 2007. 전주지역 음식물 식육원산지 표시실태 및 가격조사
- 수입소고기 시판에 따른 소비자 건강권 확보를 위한 토론회
- 2008 ~ 2012. 친환경소비자단체 인정 농산물 사업 추진
- 2009. 소고기 이력추적제 소비자 인지도 조사 및 판매업소, 실태조사 및 토론회
- 2010. 쌀과 함께하는 건강생활 전북본부 발대식 및 우리 쌀 R10 인증 업소 선정
- 2013~2016. 쌀 맛나는 전북, 쌀과 함께하는 건강생활 캠페인 추진
- 2013~2015. 농식품 스마트소비 아카데미 소비자교육 40회 운영
- 2015. 농민의 날 맞이, 가래떡데이 건전소비 캠페인 추진
- 2016 ~ 현재. 로컬푸드 직매장 모니터링
- 2016. 건조농산물, 과채가공품 등 위해성분 검사
- 2015~2019. 우유 소비촉진을 위한 전국 릴레이 포럼

- 2018 안전한 먹거리를 위한 계란 난각표시 운동, 농식품 스마트소비사업– 생산자와 소비자의 토크쇼
- 2019~ 2020. 농식품 스마트소비자를 위한 농소정 간담회
- 2020. 로컬푸드 가치 확산을 위한 토론회 개최
- 매년 농산물명예감시원, 식품위생감시원, 수산물명예감시원 등 활동, 농가 일손돕기 추진

epilogue
에필로그

　책을 준비한 지는 2년 전이다.

　중학교 교사를 하다 우연이 소비자단체에 들어와 일한 지 31년이 되었고, 일한 내용을 정리하다 보니 우연이 필연이 되었다. 흔히 일은 사람이 한다고 한다. 맞는 말이다. 첨단기계도 있지만 결국 사람이 한다. 돌아보니 참 좋은 사람들과 일을 했다. 무슨 복인지 내 곁에는 선한 영향력을 끼치는 귀한 분들을 만났고, 소비사단체 활동은 열 번을 생각해도 잘한 일이었다.

　세상에 혼자 잘나서 사는 사람은 없다. 여기 오기까지는 보이지 않는 많은 손들과 기도가 있었다. 30년 동안 매월 후원금을 보내주시는 후원자들과 소비자 감수성이 풍부한 국주영은 전북도의원, 허명숙 전)전북일보기자와 우리 단체 보도자료라면 믿고 보도하는 언론인들이 계시어 가능했다.

　31년을 정리하고 보니 5번째 이사를 하면서 일하는 공간을 만들자는 신념에 3층 사옥을 만들었고, 시·군지부를 개설하여 지역별 소비자권익활동이 정착될 수 있도록 임원들과 활동가들 성장을 돕는데 많은 시간을 보낸 것 같다.

　앞으로 소비자단체는 어느 방향으로 가야 할지 고민하는 시점이다.

　'1372'라는 소비자상담 전국 콜센터를 통한 전화상담도 중요한 일이지만 사회변화에 따른 소비자정책 제안과 지역소비자 목소리를 대변하며 시대정신을 잊지 않는 소비자단체 활동이 요구된다.

　앞으로 힘을 더 내야 하는 분야는 지속 가능한 환경문제이다.

　얼마 전 1년간 내릴 비가 3일 만에 내렸다는 중국, 미국 맨하튼 지하철 폭우 사건, 작년 추석 52일 동안 내린 장마를 기억한다. 이제 덜 쓰고 재활용하자는 환경을 보존하는 일은 말만이 아니라 실제 행동할 때가 왔다.

　그동안 우리단체에서 진행한 음식물 감량화 운동, 한옥마을 폐기물 분리수거, 장례식장 1회용품을 다용기로 바꾸기 등 다양한 활동을 꾸준히 진행하였다. 최근 "#용기내 전주" "#용기내 소비자"는 코로나19로 배달음식서비스의 이용이 많아지면서 냄비나 다회용기를 가지고 반찬이나 음식을 구매하는 자원순환운동으로 전주시내 75개 음식업소의 참여로 재미있게 진행하고 있다.

　'탄소중립기본법'이 국회에서 통과되었다. 이는 기업과 국가만이 아니라 국민인 소비자가 함께하지 않으면 선언에 불과할 뿐이다.

　끝으로 소비자운동 현장에서 함께한 지란지교 같은 직원들과 모니터 회원들,

그리고 유치원 때 장래희망이 신사임당이 아닌 '소비자고발센터 간사'라고 말해 학부모 강의까지 하게 한 아름이와 다운이 두 딸과 아이들 아빠, 프로필사진과 책제목을 지어준 둘째 사위 문요한께도 감사드린다. 특히 20여 년 넘게 눈빛만 봐도 통하는 유미옥 사무처장과 박선희부장, 전정현선생님이 계시어 단체 운영이 가능했고, 대학교 1학년 때 원광대학교 겸임교수로 만난 박민정 부장과 인연은 특별하다. 제자와 교수로 만났지만, 지금까지 14년동안 함께 일하고 있다. 그녀가 있어 이 책의 편집에서 기획까지 가능하였기에 깊은 고마움을 전한다.

특별히 30년 동안 이사로, 부회장으로, 지금은 지회장으로 계시면서 단체와 개인적인 일까지 든든한 울타리가 되어주신 유유순 회장님과 조영희 이사님께도 감사드립니다.

언제까지 현장에서 일하게 될지 모르겠다.
소비자운동이 필요 없는 사회, 또는 소비자운동이 더는 행복하지 않을 때가 아닐까 싶다. 오늘도 더 나아지는 나와 세상을 향해 나를 다독이며 마지막까지 뚜벅뚜벅 출근길에 오른다.

김보금과 함께하는 소비자 운동가들
사진: 이원철 기자

구해줘! 소비자

저자 **김보금**

인 쇄 2021년 11월 08일
발 행 2021년 11월 12일

지은이 김보금
발행인 서정환
펴낸곳 신아출판사
주 소 전북 전주시 완산구 공북 1길 16
전 화 (063) 275-4000, 252-5633
이메일 sina321@hanmail.net
출판등록 제465-1984-000004호

ISBN 979-11-5605-989-9   13330
값 18,000원

* 저자와 협의하여 인지는 생략합니다.
* 잘못된 책은 바꿔 드립니다.